《北京人口与社会发展研究报告（2016~2017）》编委会

主　　编：马小红

副 主 编：吴　军

编　　委：（按姓氏笔画排序）

马小红　王雪梅　尹德挺　闫　萍　李　兵

李　宁　杜　鹃　吴　军　胡玉萍　侯亚非

洪小良　谈小燕　嘎日达　潘建雷　薛伟玲

北京人口与社会发展研究中心　编

北京人口与社会发展
研究报告
（2016~2017）

The Report on Beijing
Population
and Social Development
(2016-2017)

社会科学文献出版社
SOCIAL SCIENCES ACADEMIC PRESS (CHINA)

目 录

第四编　人口与社会发展

第一编　老龄化应对研究

北京市社区居家养老服务供给、使用、需求与政策发展报告*

李 兵　张航空**

摘　要：

北京市户籍人口老龄比例位居全国第二。面对如此严峻的人口老龄化趋势，做好老龄工作，满足北京市老年人养老服务需求，是落实习近平总书记系列重要讲话精神的体现，也是北京市面临的一个极具挑战性的任务。为此，本报告利用北京市第四次中国城乡老年人生活状况抽样调查数据，对北京市社区居家养老服务的供给、使用和需求进行深入分析，并系统梳理了 2008 年以来北京市出台的社区居家养老服务政策文件，以期对北京市"十三五"时期社区居家养老服务向纵

---

  * 本项目是国家社科基金 2015 年课题"社会服务制度框架构建研究"阶段性成果，项目编号：15BSH040。感谢北京市老龄工作委员会办公室对本研究的支持与帮助。

**　李兵，北京市委党校社会学教研部教授、博士，研究方向：社会政策与社会服务；张航空，首都经济贸易大学人口所副教授、博士，研究方向：社会老年学。

深发展提供有价值的政策建议。

关键词：

社区居家养老服务 人口老龄化 社会居家养老服务

一 前言

2016年5月27日，中共中央政治局就我国人口老龄化的形势和对策举行第三十二次集体学习。中共中央总书记习近平在主持学习时强调："人口老龄化是世界性问题，对人类社会产生的影响是深刻持久的。我国是世界上人口老龄化程度比较高的国家之一，老年人口数量最多，老龄化速度最快，应对人口老龄化任务最重。满足数量庞大的老年群众多方面需求、妥善解决人口老龄化带来的社会问题，事关国家发展全局，事关百姓福祉，需要我们下大气力来应对。要积极发展养老服务业，推进养老服务业制度、标准、设施、人才队伍建设，构建居家为基础、社区为依托、机构为补充、医养相结合的养老服务体系，更好满足老年人养老服务需求。"

截至2015年底，北京市60岁及以上常住老年人口有340.5万，占常住人口总数的15.7%。户籍老年人口约有315万，占户籍总人口的23.4%，北京市户籍人口老龄比例位居全国第二，其中，80岁及以上的高龄老人占老年人口的20.68%，不能自理老年人比例为4.78%。目前，北京市平均每天净增500余名60岁及以上老年人，其中120余名是80岁及以上高龄老年人，并且仍在快速增长，老龄化形势十分严峻。预计，2030年北京将达到重度老龄化，户籍老年人口占比将超过30%，随后达到超老龄化社会，这一高比例将持续50年以上。做好老龄工作，应对北京市人口老龄化趋势，满足北京市老年人养老服务需求，是落实习近平总书记系列重要讲话精神的体现，也是北京市面临的一个极具挑战性的任务。

二 北京市社区居家养老服务的供给情况分析

（一）社区居家养老基础公共设施：老年活动中心/站供给比例最高，老年保健中心比例最低

从社区 1000 米以内养老基础公共设施供给情况来看，老年活动中心/站供给比例最高，高达 48.2%，其次是社区日间照料中心，比例为 32.1%，老干部活动中心和养老机构的比例在二成和三成之间，比例最低的是老年保健中心，比例只有 10.7%（见表 1 和图 1）。

表 1　社区 1000 米以内养老基础公共设施供给情况

单位：%

	有	没有
养老机构	21.4	75.9
社区日间照料中心	32.1	65.2
老年保健中心	10.7	89.3
老干部活动中心	29.5	70.5
老年活动中心/站	48.2	51.8

注：部分项目存在缺失值现象，比例之和不足 100%。下同。

资料来源：根据 2015 年北京市"第四次中国城乡老年人生活状况抽样调查社区（村/居）问卷"数据计算而来。

（二）社区生活类服务供给：法律/维权服务比例最高，老年婚介服务比例最低

从社区层面生活类服务供给情况来看，法律/维权服务的比例最高，达到 65.2%，便民服务、家政服务以及老年餐桌的比例分列二、三、四名，比例在三成和六成之间。除了上述四项服务，其余的陪同购物、托老服务、理财服务、老年婚介服务以及殡葬服务的比例均比较低，基本上未超过二成，其中老年婚介服务更是低至 1.8%（见表 2 和图 2）。

在社区层面各类服务的供给方面，除了民政部门的重视力度不同和老年人

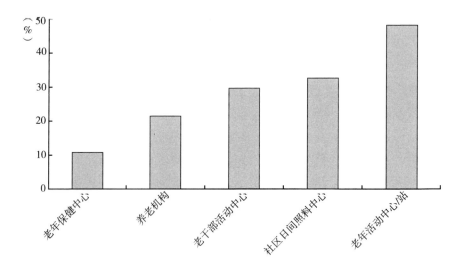

图1 社区1000米以内养老基础公共设施供给情况

资料来源：根据2015年北京市"第四次中国城乡老年人生活状况抽样调查社区（村/居）问卷"数据计算而来。

的需求差异以外，市场的力量也发挥着重要作用。便民服务不仅面向老年人还面向年轻人，需求量较大，市场相对成熟。而老年婚介服务市场起步较晚，相比较而言针对年轻人的市场发展较快，所以，老年婚介服务的供给要低得多。

表2 社区（村/居）生活类服务供给情况

单位：%

	有	没有
老年餐桌	37.5	62.5
家政服务	42.9	57.1
陪同购物	5.4	94.6
便民服务	56.2	43.8
托老服务	22.3	77.3
理财服务	9.8	90.2
法律/维权服务	65.2	34.8
老年婚介服务	1.8	98.2
殡葬服务	12.5	87.5

资料来源：根据2015年北京市"第四次中国城乡老年人生活状况抽样调查社区（村/居）问卷"数据计算而来。

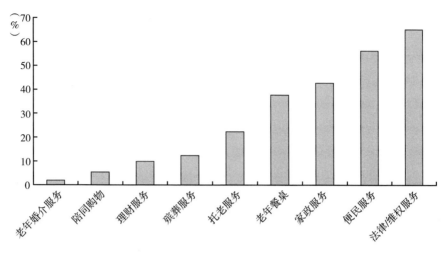

图 2　社区（村/居）生活类服务供给情况

资料来源：根据 2015 年北京市"第四次中国城乡老年人生活状况抽样调查社区（村/居）问卷"数据计算而来。

（三）医疗康复类服务供给：健康讲座比例最高，家庭病床比例最低

从社区层面医疗康复类的服务供给情况来看，健康讲座的比例最高，达到 83.0%；其次是心理咨询，不过比例较健康讲座下降了很多，只有 32.1%；排在第三的是康复辅具租赁/出售，比例进一步下降到 16.1%；紧随其后的分别是上门看病和康复服务，比例分别为 15.2% 和 14.3%；其余的医疗康复类服务供给比例均比较低，不足一成，陪同看病的比例为 3.6%，家庭病床的比例为 1.8%，上门护理的比例为 6.2%（见表 3 和图 3）。

（四）文化娱乐和社会参与类服务供给：棋牌娱乐等比例最高，老年人再就业比例最低

从社区层面文化娱乐和社会参与类服务供给情况来看，棋牌娱乐等的比例高达 77.7%，其次是读书看报，比例为 72.3%，排在第三的是球类活动，比例为 51.8%。其余的活动供给比例均低于三成，其中老年学校/大学的比例

表3　社区（村/居）医疗康复类服务供给情况

单位：%

	有	没有
健康讲座	83.0	17.0
陪同看病	3.6	96.4
上门看病	15.2	84.8
家庭病床	1.8	98.2
康复服务	14.3	85.7
上门护理	6.2	93.8
心理咨询	32.1	67.9
康复辅具租赁/出售	16.1	83.9

资料来源：根据2015年北京市"第四次中国城乡老年人生活状况抽样调查社区（村/居）问卷"数据计算而来。

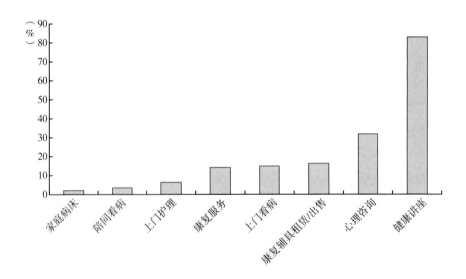

图3　社区（村/居）医疗康复类服务供给情况

资料来源：根据2015年北京市"第四次中国城乡老年人生活状况抽样调查社区（村/居）问卷"数据计算而来。

为21.4%，老年人上网服务比例为17.9%，旅游咨询比例为10.7%，老年人交友服务比例为6.2%，老年人再就业比例为3.6%（见表4和图4）。

表 4   社区（村/居）文化娱乐、社会参与类服务供给情况

单位：%

	有	没有
棋牌娱乐等	77.7	22.3
球类活动	51.8	48.2
读书看报	72.3	27.7
老年人再就业	3.6	96.4
老年学校/大学	21.4	78.6
旅游咨询	10.7	89.3
老年人上网服务	17.9	82.1
老年人交友服务	6.2	93.8

资料来源：根据 2015 年北京市"第四次中国城乡老年人生活状况抽样调查社区（村/居）问卷"数据计算而来。

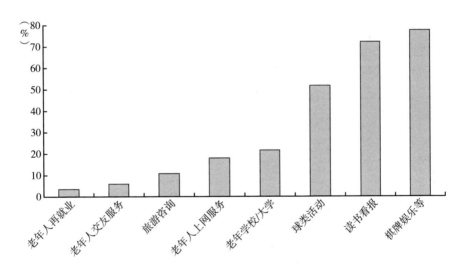

图 4   社区（村/居）文化娱乐、社会参与类服务供给情况

资料来源：根据 2015 年北京市"第四次中国城乡老年人生活状况抽样调查社区（村/居）问卷"数据计算而来。

（五）社区居家照料服务项目：助餐服务比例最高，助浴服务比例最低

从养老服务各个项目的供给情况来看，助餐服务的比例最高，达到 36.8%，

紧随其后的是上门做家务，比例为33.5%，上门看病、日间照料、健康教育服务和心理咨询/聊天解闷等服务的供给比例在二成和三成之间，康复护理、老年辅具用品租赁和助浴服务的比例排名最后三名，其中康复护理和老年辅具用品租赁的比例在一成以上，而助浴服务的比例不足一成（见表5和图5）。

表5　社区居家照料服务供给情况

单位：%

	有	没有	不知道
助餐服务	36.8	35.6	27.5
助浴服务	9.9	51.8	37.7
上门做家务	33.5	38.9	27.2
上门看病	25.1	41.9	32.9
日间照料	20.7	44.9	34.4
康复护理	14.1	47.6	38.0
老年辅具用品租赁	14.4	47.0	38.6
健康教育服务	28.1	35.9	35.9
心理咨询/聊天解闷	20.1	43.1	36.8

资料来源：根据2015年北京市"第四次中国城乡老年人生活状况抽样调查个人问卷"数据计算而来。

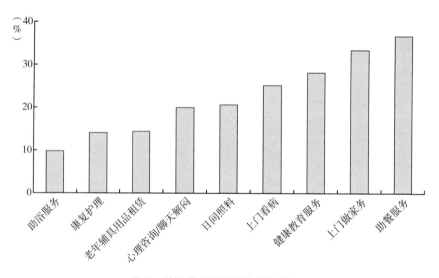

图5　社区居家照料服务供给情况

资料来源：根据2015年北京市"第四次中国城乡老年人生活状况抽样调查个人问卷"数据计算而来。

社区养老服务项目供给情况出现如此大的差距，原因之一在于北京市民政部门对各个项目的推动力度不同，针对众多老人有着较大需求的助餐服务，北京市出台了专门的文件。原因之二在于老年人对不同的养老服务有不同的需求，对大部分老人来说，对助餐服务都有一定的需求，但是对助浴服务只有身体健康出现问题的才有需求。

（六）不同特征老人社区居家养老供给知晓比例存在显著差异

女性老人知晓比例高于男性老人。从被调查的老人对社区居家养老服务的知晓比例来看，女性老人认为社区有九项服务的比例均高于男性老人，男性老人认为社区没有九项服务的比例与女性老人相差不多（见表6和图6）。

表6　不同性别老人社区居家养老服务供给情况

单位：%

	有		没有		不知道	
	男性	女性	男性	女性	男性	女性
助餐服务	31.8	41.3	36.4	35.2	31.8	23.5
助浴服务	7.1	12.4	52.6	52.2	40.3	35.4
上门做家务	31.8	35.8	35.7	41.9	32.5	22.3
上门看病	23.2	26.8	39.4	44.1	37.4	29.1
日间照料	15.5	25.7	45.2	44.7	39.4	29.6
康复护理	12.3	16.3	44.5	50.6	43.2	33.1
老年辅具用品租赁	12.8	15.6	44.2	49.7	42.9	34.6
健康教育服务	23.9	32.4	33.5	38	42.6	29.6
心理咨询/聊天解闷	16.8	22.9	41.9	44.1	41.3	33.0

资料来源：根据2015年北京市"第四次中国城乡老年人生活状况抽样调查个人问卷"数据计算而来。

从年龄段来看，60~69岁老人对大部分服务的知晓比例是较高的，70~79岁老人的知晓比例则较低，相应地，大部分服务针对60~69岁老人的比例较高，针对70~79岁老人的比例较低。不过，也有部分项目是例外的，日间照料和老年辅具用品租赁的比例随着年龄的升高而上升，原因可能在于随着年龄的升高，老年人健康状况恶化以后，对这些服务更加关注（见表7和图7）。

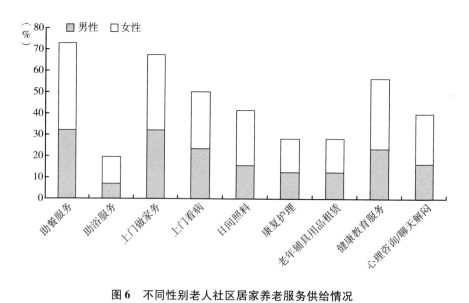

图6 不同性别老人社区居家养老服务供给情况

资料来源：根据2015年北京市"第四次中国城乡老年人生活状况抽样调查个人问卷"数据计算而来。

表7 不同年龄组老人社区居家养老服务供给情况

单位：%

	有			没有			不知道		
	60～69岁	70～79岁	80岁及以上	60～69岁	70～79岁	80岁以上	60～69岁	70～79岁	80岁以上
助餐服务	39.0	33.9	35.5	32.1	45.0	30.6	28.9	21.1	33.9
助浴服务	11.4	8.3	9.5	50.0	56.5	50.8	38.6	35.2	39.7
上门做家务	34.2	33.0	33.3	38.6	43.1	34.9	27.2	23.9	31.7
上门看病	28.3	20.2	25.4	38.4	50.5	36.5	33.3	29.4	38.1
日间照料	19.5	21.1	23.8	45.3	49.5	36.5	35.2	29.4	39.7
康复护理	16.4	10.2	15.9	47.2	53.7	39.7	36.5	36.1	44.4
老年辅具用品租赁	13.2	14.5	15.9	49.1	50.9	36.5	37.7	34.5	47.6
健康教育服务	30.2	28.4	22.2	34.0	42.2	31.7	35.8	29.4	46.0
心理咨询/聊天解闷	22.6	20.2	12.7	44.0	46.8	34.9	33.3	33.0	52.4

资料来源：根据2015年北京市"第四次中国城乡老年人生活状况抽样调查个人问卷"数据计算而来。

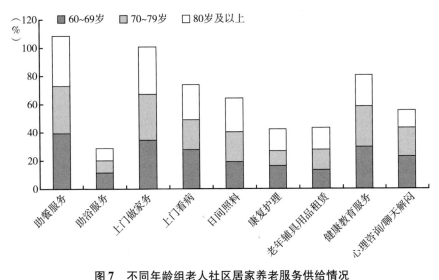

图7　不同年龄组老人社区居家养老服务供给情况

资料来源：根据2015年北京市"第四次中国城乡老年人生活状况抽样调查个人问卷"数据计算而来。

（七）社区居家养老服务供给的比例存在显著的区域差异

从被调查的七个区的老人回答情况来看，东城、西城、海淀和朝阳四个区的比例明显高于房山、丰台和顺义。其中，西城在五项服务中排名第一，在一项服务中与东城并列第一，海淀在两项服务中排名第一，东城在一项服务中排名第一（见表8和图8）。

表8　不同区老人社区居家养老服务供给情况

单位：%

	朝阳	东城	房山	丰台	海淀	顺义	西城
助餐服务	37.5	53.2	27.1	29.2	37.5	8.3	66.0
助浴服务	0	16.7	6.2	2.1	12.5	6.5	25.5
上门做家务	43.8	43.8	17.0	25.0	47.9	14.6	44.7
上门看病	22.9	33.3	22.9	14.6	29.2	14.6	38.3
日间照料	20.8	31.2	10.4	14.6	29.2	10.4	29.8
康复护理	6.4	31.2	8.3	6.2	16.7	4.2	27.7
老年辅具用品租赁	8.3	27.1	8.3	2.1	25.0	2.1	27.1
健康教育服务	16.7	41.7	14.6	22.9	47.9	12.5	42.6
心理咨询/聊天解闷	4.2	35.4	12.5	4.2	29.2	14.6	40.4

资料来源：根据2015年北京市"第四次中国城乡老年人生活状况抽样调查个人问卷"数据计算而来。

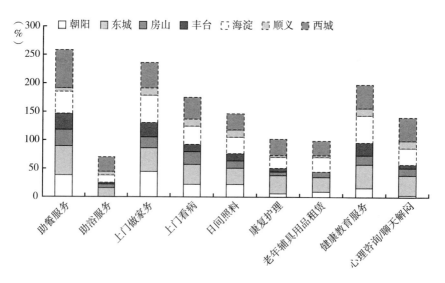

图8 不同区老人社区养老服务供给情况

资料来源：根据2015年北京市"第四次中国城乡老年人生活状况抽样调查个人问卷"数据计算而来。

三 社区居家养老服务使用情况分析

（一）使用比例排名前三的分别是上门做家务、助餐服务和健康教育服务

从被调查的老人对社区居家养老服务的使用情况来看，比例均不太高，不仅远低于供给比例，也低于需求比例。其中使用比例排名前三的分别是上门做家务、助餐服务和健康教育服务，这三项服务的使用比例远远高于其他服务。心理咨询/聊天解闷和上门看病使用比例处于第二集团，助浴服务、日间照料、康复护理和老年辅具用品租赁则处于第三集团，比例在1%上下（见表9和图9）。

（二）男性老人助餐服务、上门看病和日间照料的使用比例高于女性老人，其他服务低于女性老人

从不同性别老人使用社区养老服务的情况来看，女性老人对大部分项目

表9   老人社区居家养老服务使用情况

单位：%

	使用情况	
	使用	没使用
助餐服务	6.9	92.5
助浴服务	0.3	99.1
上门做家务	8.1	91.0
上门看病	3.0	96.1
日间照料	1.2	98.2
康复护理	0.3	99.1
老年辅具用品租赁	0.6	98.8
健康教育服务	6.6	92.5
心理咨询/聊天解闷	4.2	95.2

资料来源：根据 2015 年北京市"第四次中国城乡老年人生活状况抽样调查个人问卷（长表）"数据计算而来。

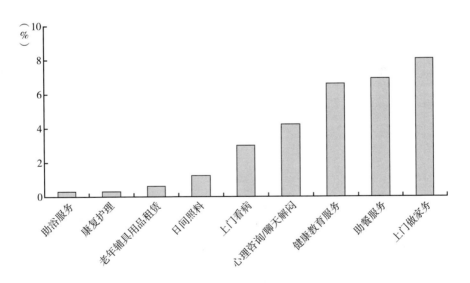

图9   老人社区居家养老服务使用情况

资料来源：根据 2015 年北京市"第四次中国城乡老年人生活状况抽样调查个人问卷（长表）"数据计算而来。

服务的使用比例要高于男性老人，男性老人没有人使用助浴服务、康复护理、老年辅具用品租赁三个项目。男性老人只是在助餐服务、上门看病和日间照料三项服务上使用比例高于女性老人（见表 10 和图 10）。

表 10　不同性别老人社区居家养老服务使用情况

单位：%

	使用		没使用	
	男性	女性	男性	女性
助餐服务	7.8	6.2	92.2	93.8
助浴服务	0	0.6	100.0	99.4
上门做家务	6.5	9.6	93.5	90.4
上门看病	4.5	1.7	95.5	98.3
日间照料	1.9	0.6	98.1	99.4
康复护理	0	0.6	100.0	99.4
老年辅具用品租赁	0	1.1	100.0	98.9
健康教育服务	3.2	9.6	96.8	90.4
心理咨询/聊天解闷	3.2	5.1	96.8	94.9

资料来源：根据 2015 年北京市"第四次中国城乡老年人生活状况抽样调查个人问卷（长表）"数据计算而来。

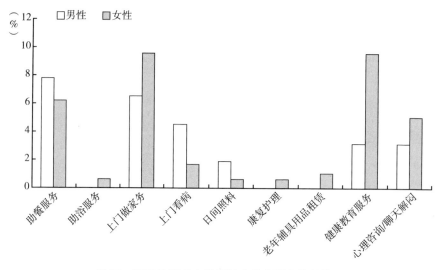

图 10　不同性别老人社区居家养老服务使用情况

资料来源：根据 2015 年北京市"第四次中国城乡老年人生活状况抽样调查个人问卷（长表）"数据计算而来。

（三）不同年龄组老人使用社区居家养老服务并未呈现规律性

不同年龄组老人使用社区居家养老服务的情况，并未呈现规律性。助餐服务、助浴服务、上门做家务均是 70 ~ 79 岁组的老人使用比例最高；上门看病、健康教育服务和心理咨询/聊天解闷随着年龄的升高，使用相应服务的比例在下降；日间照料以 80 岁及以上老年人口使用比例最高，70 ~ 79 岁的比例最低；康复护理只有 60 ~ 69 岁组老年人使用过，70 ~ 79 岁和 80 岁及以上老年人口均未使用过；老年辅具用品租赁以 80 岁及以上老年人口使用比例最高，其次是 60 ~ 69 岁的老人，70 ~ 79 岁的老人没有使用过（见表11 和图 11）。

表 11　不同年龄组老人社区居家养老服务使用情况

单位：%

	使用			没使用		
	60 ~ 69 岁	70 ~ 79 岁	80 岁及以上	60 ~ 69 岁	70 ~ 79 岁	80 岁及以上
助餐服务	3.8	11.2	6.5	96.2	88.8	93.5
助浴服务	0	0.9	0	100.0	99.1	100.0
上门做家务	7.0	11.2	6.3	93.0	88.8	93.7
上门看病	3.8	3.7	0	96.2	96.3	100.0
日间照料	1.3	0.9	1.6	98.7	99.1	98.4
康复护理	0.6	0	0	99.4	100.0	100.0
老年辅具用品租赁	0.6	0	1.6	99.4	100.0	98.4
健康教育服务	8.2	6.5	3.2	91.8	93.5	96.8
心理咨询/聊天解闷	5.0	4.7	0	95.0	95.3	100.0

资料来源：根据 2015 年北京市"第四次中国城乡老年人生活状况抽样调查个人问卷（长表）"数据计算而来。

（四）城乡老人在使用社区居家养老服务方面旗鼓相当

在给出的九项服务中，城市老人使用比例高于农村老人的有五项，在其余四项服务中则是农村老人的使用比例高于城市老人。具体来看，城市老人在助餐服务、助浴服务、上门做家务、康复护理和健康教育服务方面使用比例高于农村老人，农村老人在上门看病、日间照料、老年辅具用品租赁和心

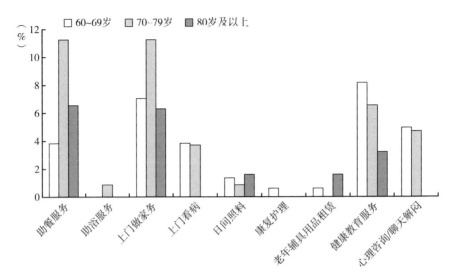

图11 不同年龄组老人社区居家养老服务使用情况

资料来源：根据2015年北京市"第四次中国城乡老年人生活状况抽样调查个人问卷（长表）"数据计算而来。

理咨询/聊天解闷方面高于城市老人。城乡老人在养老服务使用方面的差异，除了受到老年人自身的经济能力和对相关服务的需求影响外，服务的供给状况也是一个非常重要的影响因素（见表12和图12）。

表12 城乡老人社区居家养老服务使用情况

单位：%

	使用		没使用	
	城市	乡村	城市	乡村
助餐服务	7.0	6.6	93.0	93.4
助浴服务	0.4	0	99.6	100.0
上门做家务	9.8	2.6	90.2	97.4
上门看病	2.7	3.9	97.3	96.1
日间照料	1.2	1.3	98.8	98.7
康复护理	0.4	0	99.6	100.0
老年辅具用品租赁	0.4	1.3	99.6	98.7
健康教育服务	7.0	5.3	93.0	94.7
心理咨询/聊天解闷	3.9	5.2	96.1	94.8

资料来源：根据2015年北京市"第四次中国城乡老年人生活状况抽样调查个人问卷（长表）"数据计算而来。

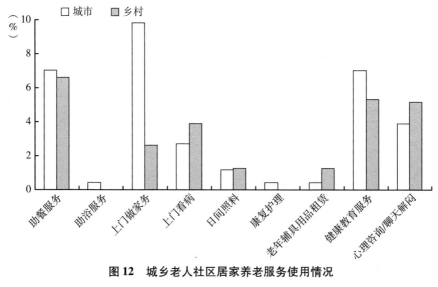

图 12　城乡老人社区居家养老服务使用情况

资料来源：根据 2015 年北京市"第四次中国城乡老年人生活状况抽样调查个人问卷（长表）"数据计算而来。

（五）各区老人在各项社区居家养老服务的使用比例上存在显著差异

各区老年人使用的社区居家养老服务比例，在各个项目上均存在显著的差异。海淀和东城的老年人使用助餐服务的比例较高，助浴服务只有丰台的老年人使用，上门做家务以海淀、朝阳和东城的老人使用居多，上门看病以房山和海淀的老人使用比例较高，在日间照料和康复护理方面海淀的老人一枝独秀，老年辅具用品租赁只有朝阳和海淀的老人使用过，在健康教育服务和心理咨询/聊天解闷方面西城的老人一枝独秀（见表13）。

表 13　不同区老人社区居家养老服务使用情况

单位：%

	朝阳	东城	房山	丰台	海淀	顺义	西城
助餐服务	6.2	12.8	4.2	6.2	17.0	0	2.1
助浴服务	0	0	0	2.1	0	0	0
上门做家务	10.4	10.4	4.3	6.2	19.1	0	6.4
上门看病	2.1	0	8.3	0	8.7	2.1	0

续表

	朝阳	东城	房山	丰台	海淀	顺义	西城
日间照料	0	0	0	0	6.4	2.1	0
康复护理	0	0	0	0	2.1	0	0
老年辅具用品租赁	2.1	0	0	0	2.1	0	0
健康教育服务	6.2	8.3	0	4.2	4.3	4.3	19.1
心理咨询/聊天解闷	2.1	2.1	2.1	0	6.4	4.3	12.8

资料来源：根据2015年北京市"第四次中国城乡老年人生活状况抽样调查个人问卷（长表）"数据计算而来。

四　社区居家养老服务需求情况分析

（一）社区居家养老服务需求中助餐服务比例最高，老年辅具用品租赁比例最低

不管是长表数据还是短表数据均显示，被调查的老年人对社区养老服务需求比例最高的均是助餐服务，排名第二的均是上门看病，排名第三的均是上门做家务，且排名前三的服务需求比例均在二成和三成之间。长表数据显示，排名四至九名的分别是健康教育服务、心理咨询/聊天解闷、日间照料、康复护理、助浴服务和老年辅具用品租赁。与长表数据相比，短表数据排名四到七的服务有所不同，相同的是排名最后两名的均是助浴服务和老年辅具用品租赁（见表14和图13）。

表14　老人社区居家养老服务需求情况

单位：%

	需求情况（长表）		需求情况（短表）	
	需要	不需要	需要	不需要
助餐服务	29.3	70.7	23.2	76.7
助浴服务	8.1	91.0	5.6	94.2
上门做家务	23.4	76.3	21.1	78.9
上门看病	23.7	76.3	21.9	78.0
日间照料	12.0	88.0	8.8	91.1

续表

	需求情况（长表）		需求情况（短表）	
	需要	不需要	需要	不需要
康复护理	9.6	90.4	6.8	93.1
老年辅具用品租赁	6.0	93.7	3.2	96.7
健康教育服务	15.9	83.8	7.9	92.0
心理咨询/聊天解闷	15.3	84.7	6.0	93.9

资料来源：根据 2015 年北京市"第四次中国城乡老年人生活状况抽样调查个人问卷"数据计算而来。

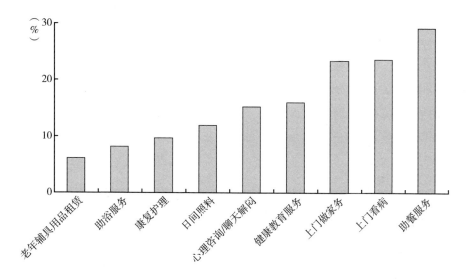

图 13　老人社区居家养老服务需求情况

资料来源：根据 2015 年北京市"第四次中国城乡老年人生活状况抽样调查个人问卷（长表）"数据计算而来。

（二）社区居家养老服务需求总体上随着年龄的升高而升高

从调查的九项服务来看，其中的六项服务需求随着年龄的升高而升高，而康复护理、健康教育服务和心理咨询/聊天解闷的情况并未出现相同的态势。其中，康复护理和心理咨询/聊天解闷均呈先升后降的态势，70~79 岁组的比例最高；健康教育服务随着年龄的升高而呈不断下降的态势。对大部分的养老服务来说，因老人伴随着年龄升高多会出现健康状况的恶化，对相关服务的需求会随之增加。而对健康教育服务，年龄较大的老人可能已经掌握了相关的知识，进而对服务的需求会下降，而年轻的老人可能还不具备相关的知识，所以需求更大（见表15）。

表15　不同年龄组老人社区居家养老服务需求情况

单位：%

	需要			不需要		
	60～69 岁	70～79 岁	80 岁及以上	60～69 岁	70～79 岁	80 岁及以上
助餐服务	21.0	24.9	26.5	79.0	75.1	73.5
助浴服务	4.0	5.7	9.4	96.0	94.3	90.6
上门做家务	17.7	23.7	25.5	82.3	76.3	74.5
上门看病	20.5	23.1	24.3	79.5	76.9	75.7
日间照料	7.6	8.8	12.0	92.4	91.2	88.0
康复护理	6.7	7.5	6.7	93.3	92.5	93.3
老年辅具用品租赁	3.0	3.2	97.0	96.8	3.0	3.2
健康教育服务	9.6	7.0	5.1	90.4	93.0	94.9
心理咨询/聊天解闷	5.8	6.6	5.8	94.2	93.4	94.2

资料来源：根据2015年北京市"第四次中国城乡老年人生活状况抽样调查个人问卷（长表）"数据计算而来。

（三）社区居家养老服务需求女性老人总体上高于男性老人

从不同性别的老人对各类服务的需求情况来看，女性老人在七项服务上的需求比例高于男性老人，老年辅具用品租赁的比例男性老人和女性老人是相同的，健康教育服务的比例女性老人低于男性老人（见表16和图14）。

（四）农村老人的养老服务需求总体高于城市老人

从城乡老年人对养老服务的需求来看，农村老人在其中的七项服务需求比例高于城市老人，只有两项服务是城市老人高于农村老人，这两项服务分别是助餐服务和上门做家务（见表17和图15）。

表16 不同性别老人社区居家养老服务需求情况

单位：%

	需要		不需要	
	男性	女性	男性	女性
助餐服务	22.8	23.7	77.2	76.3
助浴服务	5.1	6.1	94.9	93.9
上门做家务	19.9	22.1	80.1	77.9
上门看病	21.2	22.6	78.8	77.4
日间照料	7.8	9.6	92.2	90.4
康复护理	6.3	7.3	93.7	92.7
老年辅具用品租赁	3.2	3.2	96.8	96.8
健康教育服务	8.0	7.8	92.0	92.2
心理咨询/聊天解闷	5.3	6.7	94.7	93.3

资料来源：根据2015年北京市"第四次中国城乡老年人生活状况抽样调查个人问卷（长表）"数据计算而来。

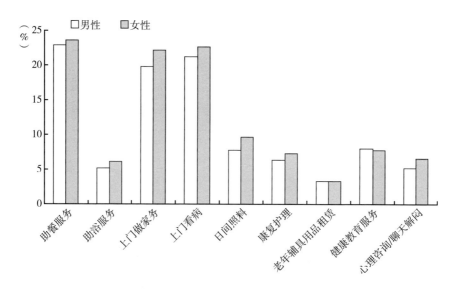

图14 不同性别老人社区养老服务需求情况

资料来源：根据2015年北京市"第四次中国城乡老年人生活状况抽样调查个人问卷（长表）"数据计算而来。

表 17　城乡老人社区养老服务需求情况

单位：%

	需要		不需要	
	城市	农村	城市	农村
助餐服务	23.4	22.8	76.6	77.2
助浴服务	5.4	6.4	94.6	93.6
上门做家务	21.4	20.2	78.6	79.8
上门看病	21.3	24.3	78.7	75.7
日间照料	8.4	10.2	91.6	89.8
康复护理	6.3	8.7	93.7	91.3
老年辅具用品租赁	2.8	4.5	97.2	95.5
健康教育服务	7.6	8.7	92.4	91.3
心理咨询/聊天解闷	5.7	6.9	94.3	93.1

资料来源：根据 2015 年北京市"第四次中国城乡老年人生活状况抽样调查个人问卷（长表）"数据计算而来。

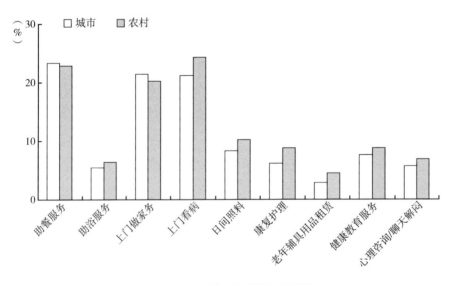

图 15　城乡老人社区养老服务需求情况

资料来源：根据 2015 年北京市"第四次中国城乡老年人生活状况抽样调查个人问卷（长表）"数据计算而来。

（五）各区老年人口对养老服务需求有显著差异

从各区老年人口对养老服务的需求情况来看，各区之间存在显著差异。

朝阳、东城、丰台、海淀和顺义的老年人在助餐服务方面的需求明显高于房山和西城；房山和顺义在助浴服务的需求上明显高于其他七个区；上门做家务是房山、丰台和西城的需求明显低于其他四个区；上门看病则是房山和顺义的需求明显高于其他五个区；在日间照料和康复护理方面均是顺义一枝独秀；老年辅具用品租赁各区的比例均不高，不过顺义和西城的比例相对较高；在健康教育服务方面顺义和西城排名前两名，且比例明显高于其他五个区；心理咨询/聊天解闷的情形类似于老年辅具用品租赁，各区的比例均不高（见表18）。

表18　不同区老人社区养老服务需求情况

单位：%

	朝阳	东城	房山	丰台	海淀	顺义	西城
助餐服务	28.8	28.0	17.3	23.5	24.6	23.5	17.2
助浴服务	4.2	4.6	8.5	3.5	4.6	9.4	4.8
上门做家务	20.8	22.2	9.4	18.5	30.8	27.6	18.3
上门看病	19.0	17.0	25.8	18.7	20.2	38.3	14.7
日间照料	6.9	7.1	7.5	8.3	9.0	18.3	4.8
康复护理	2.7	6.0	5.2	5.2	9.6	15.4	3.7
老年辅具用品租赁	1.7	3.9	0.6	2.7	3.8	4.4	5.2
健康教育服务	3.8	6.8	7.3	5.0	6.9	14.4	11.0
心理咨询/聊天解闷	5.2	5.2	6.4	5.2	4.8	6.7	8.5

资料来源：根据2015年北京市"第四次中国城乡老年人生活状况抽样调查个人问卷（长表）"数据计算而来。

（六）小结

从本次调查以及以前的其他调查结果来看，养老服务的知晓率、使用率与需求率之间表现出一致的规律：知晓率＞需求率＞使用率。出现这样的结果，原因主要有以下两点。

第一，远期需求与近期需求是两个不同的概念。逢老必衰、逢老必病是大部分老年人无法逃脱的规律，在衰老和生病以后，老年人对各类服务的需求会大大增加。需要注意的是，服务需求是近期需求还是远期需求，远期需求的比例往往远远高于近期需求。2013 年在西城区的调查中，对"您愿意住养老机构吗"一项，回答"是"的比例为 26.2%。但当问到"您觉得自己现在或将来会有住养老机构的需求吗"，回答现在有的比例只有 2.7%，回答"未来有"的比例高达 35.9%。从西城的调查数据可以明显看到，近期需求远远低于远期需求。同样的道理，在调查中如果老年人把相关服务需求理解为近期需求，那么比例会比较低，如果理解为远期需求，那么比例会比较高。在本次调查中，我们询问的是近期需求，所以，比例偏低。而且不止一位被访者表示，"现在没有需要，未来肯定会有需要"。

第二，潜在需求与有效需求也是两个不同的概念。大量的老年人表示需要这些服务只是潜在需求，而有效需求是指市场上有支付能力的总需求，二者有着本质的区别。从目前的情况来看，老年人的潜在需求较高而有效需求较低，二者之间有一定的差距。从现有的调查来看，目前还无法区分潜在需求与有效需求，如何把潜在需求变为有效需求显得尤为重要。正是由于潜在需求与有效需求之间的差距，居家养老服务的实际使用率明显低于需求率。

社区居家养老服务供给的比例、各区老人在各项社区居家养老服务上的使用比例和对养老服务的需求状况均存在显著差异；助餐服务无论是使用比例还是需求比例都是最高的；老年人对社区居家养老服务的使用和需求存在性别差异。这些情况都需要政策制定者密切关注。

从调查中也发现了社区居家养老服务存在的问题和不足，主要表现为社区居家养老服务基础设施建设和服务项目供给不足、分布不合理、知晓率偏低、有效需求不足、使用效率不高等，需要强化政策引导。

五　北京市社区居家养老服务政策回顾与分析

（一）社区居家养老服务政策的演变

2008 年北京市民政局等五家单位在联合发布《关于加快养老服务机构发展的意见》中首次提出"9064"养老模式。为了实现这一目标，2009～2016 年北京市分别出台了四个比较重要的政策，分别是 2009 年的《北京市市民居家养老（助残）服务（"九养"）办法》、2013 年的《北京市人民政府关于加快推进养老服务业发展的意见》、2015 年的《北京市居家养老服务条例》和 2016 年的《北京市支持居家养老服务发展十条政策》，除了上述四个主要的政策，北京市还出台了一些配套的政策（详见表19）。

表19　2009～2016 年北京市出台的涉及社区居家养老服务的相关政策

年份	政策文件名称
2009	《北京市市民居家养老（助残）服务（"九养"）办法》
2011	《北京市居家养老（助残）服务单位管理规定（暂行）》
2011	《关于进一步加强我市养老（助残）精神关怀服务工作的指导意见》
2011	《关于开展养老（助残）餐桌、托老（残）所规范化建设试点工作的通知》
2012	《北京市老年人意外伤害保险暂行办法》
2012	《2011 年养老（助残）餐桌和托老（残）所规范化建设单位奖励资金使用有关事项的通知》
2013	《北京市"小帮手"电子服务器配备使用管理暂行办法》
2013	《北京市人民政府关于加快推进养老服务业发展的意见》
2014	《社会办全托型托老所床位补贴办法（暂行）》
2014	《北京市养老助残卡管理办法（试行）》
2014	《关于建立北京市为老服务单位综合责任保险的通知》
2014	《北京市 2014 年街（乡、镇）养老照料中心建设工作方案》
2015	《北京市居家养老服务条例》
2015	《关于 2015 年开展养老助餐服务体系试点建设工作的通知》
2015	《关于开展居家养老护理员培训试点工作的通知》
2015	《关于依托养老照料中心开展社区居家养老服务的指导意见》
2015	《关于支持养老照料中心和养老机构完善社区居家养老服务功能的通知》
2015	《关于进一步加强北京市老年人优待工作的意见》
2015	《特殊家庭老年人通过代理服务入住养老机构实施办法》
2015	《关于推荐 2015 年养老（助残）精神关怀公益服务项目的通知》
2015	《经济困难的高龄和失能老年人居家养老服务试点区老年人能力评估办法》
2015	《关于经济困难的高龄和失能老年人居家养老服务工作中有关服务事项的通知》
2016	《关于启动为失智老年人配备防走失手环项目的通知》
2016	《北京市支持居家养老服务发展十条政策》
2016	《关于开展社区养老服务驿站建设的意见》
2016	《北京市居家养老服务补贴停发、追回管理办法》

资料来源：根据北京市民政局网站相关信息整理。

纵观 2009 年以来北京市居家养老服务相关政策可以发现，最近七年的政策主要分为三个阶段。

1. 起步阶段

2009 年北京市政府为了实现 2020 年 "9064" 的养老模式出台了《北京市市民居家养老（助残）服务（"九养"）办法》，提出了建立万名 "孝星" 评选表彰制度、建立居家养老（助残）券服务制度和百岁老人补助医疗制度、建立城乡社区（村）养老（助残）餐桌、建立城乡社区（村）托老（残）所、招聘居家服务养老（助残）员、配备养老（助残）无障碍服务车、开展养老（助残）精神关怀服务、实施家庭无障碍设施改造和为老年人（残疾人）配备 "小帮手" 电子服务器九个方面的事情，为北京市未来如何养老指明了方向。

2. 规范阶段

在 "九养" 政策公布以后，北京市为了加强对居家养老服务单位的管理，出台了《北京市居家养老（助残）服务单位管理规定（暂行）》，对居家养老（助残）服务单位的范围进行了界定，同时规定了服务单位如何进行监管和奖惩。《关于开展养老（助残）餐桌、托老（残）所规范化建设试点工作的通知》明确指出养老（助残）餐桌规范化建设标准和托老（残）所规范化建设标准。

3. 扶持与完善阶段

由于养老服务业存在供给不足、结构不合理、质量不高、社会力量参与不充分以及扶持政策不健全等问题，北京市在 2013 年出台了《北京市人民政府关于加快推进养老服务业发展的意见》，在统筹规划养老服务业发展、建立基本养老服务制度、完善养老公共服务设施、推进政府办养老机构改革、扶持居家和社区养老服务发展、引导社会资本投资养老机构、推进医养结合、培育养老服务社会组织、培养专业养老服务人员、加大养老服务业投融资力度、建设养老服务产业园区、支持养老服务重点领域发展、推进养老服务科技创新 13 个方面做出规定。

2013 年以后，北京市相继出台了《社会办全托型托老所床位补贴办法（暂行）》《关于建立北京市为老服务单位综合责任保险的通知》《关于 2015

年开展养老助餐服务体系试点建设工作的通知》《关于开展居家养老护理员培训试点工作的通知》《关于依托养老照料中心开展社区居家养老服务的指导意见》《关于支持养老照料中心和养老机构完善社区居家养老服务功能的通知》，这些政策从床位补贴、风险规避、养老助残项目补助、养老护理员培训、发挥养老照料中心的辐射功能、扶持养老照料中心和拓展养老机构养老服务功能等方面做出规定。2015 年和 2016 年出台的《经济困难的高龄和失能老年人居家养老服务试点区老年人能力评估办法》《北京市支持居家养老服务发展十条政策》《北京市居家养老服务补贴停发、追回管理办法》可以看成是对以往政策出现的不足进行的修正（冯喜良、周明明，2016）。

（二）准入标准

1. 养老（助残）餐桌和托老（残）所规范化建设

北京市在 2011 年发布了《关于开展养老（助残）餐桌、托老（残）所规范化建设试点工作的通知》，对规范化养老（助残）餐桌和规范化托老（残）所的标准做出了详细规定（八个方面全面加强），这些规定涉及签约、设施、环境、管理制度、价格、服务量、满意率等多个方面。

2. 托老所申请补贴的条件

2014 年发布的《社会办全托型托老所床位补贴办法（暂行）》要求申请补贴的托老所需要具备相关条件（九个方面严格准入），这些条件涉及托老所的床位数量、使用面积、总面积、无障碍设施、管理人员、服务人员、服务人员与服务对象的比例、服务内容、服务流程以及收费标准、服务记录、营养食谱、夜间值班制度、应急处理预案、服务质量等。

3. 养老助餐试点建设资金使用

2015 年发布的《关于 2015 年开展养老助餐服务体系试点建设工作的通知》指出，"养老助餐试点建设资助项目主要应用于装修改造、配餐设备、智能餐柜、膳食研发等四个方面"。同时，《通知》就资金的使用范围提出了具体的要求。

4. 养老照料中心和养老机构项目资助

为了发挥养老照料中心和养老机构的辐射功能，北京市通过项目的形式对养老照料中心和养老机构进行资助，同时对养老照料中心和养老机构的项目内容进行了规定，项目主要涉及短期照料服务、助餐服务、助洁服务、助浴服务、助医服务、精神关怀服务、教育培训服务、志愿服务、信息管理服务、拓展服务，并对上述十类服务的具体要求做了详细规定。

5. 社区养老服务驿站的功能定位

2016 年发布的《关于开展社区养老服务驿站建设的意见》中提出社区养老服务驿站应当具备日间照料、呼叫服务、助餐服务、健康指导、文化娱乐、心理慰藉六项基本功能，除此以外，可以根据自身设施条件和周边资源供给情况，拓展康复护理、心理咨询、法律咨询等延伸性功能。

同时，《意见》还对建设标准做出细致规定。按照建筑规模、设备配置、人员配备、服务功能不同，社区养老服务驿站可分为 A 型驿站、B 型驿站和 C 型驿站。《意见》对 A 型驿站、B 型驿站和 C 型驿站的具体情况也做了详细规定。

6. 居家养老护理员培训机构资质标准

2015 年北京市民政局、财政局、人力资源和社会保障局及老龄办联合发布了《关于开展居家养老护理员培训试点工作的通知》，对居家养老护理员的培训机构做出详细规定，资质条件包括有办学或职业技能培训资质证明，具有相应的师资和管理力量，有必要的场地、设施设备等条件，有健全的培训质量保证体系和教学管理制度。

（三）配套政策

1. 养老（助残）餐桌和托老（残）所规范化建设

北京市在 2011 年发布了《关于开展养老（助残）餐桌、托老（残）所规范化建设试点工作的通知》，提出要在全市的每个街道（乡、镇）各建立一个以上设施完善、功能齐全、服务水平高的养老（助残）餐桌和托老（残）所。推进试点的过程分为四个阶段，分别是动员部署、组织实施、区县自查和考核验收。另外，鼓励各个区县勇于创新，及时总结试点过程中的经验，树立先进典型。

2. 居家养老护理员培训

2015 年北京市民政局、财政局、人力资源和社会保障局及老龄办联合发布了《关于开展居家养老护理员培训试点工作的通知》，提出要在城六区以及远郊区县分批次开展养老护理员的培训试点工作，2017 年再视情况决定是否扩大试点或者在全市推广。

3. 养老助餐服务体系试点

2015 年北京市民政局、财政局、老龄办联合发布《关于 2015 年开展养老助餐服务体系试点建设工作的通知》，规定首先在城六区和远郊的房山、顺义开展养老助餐服务体系的试点，在推进试点的过程中，根据时间的先后顺序完成提交试点项目申报表，市民政局和老龄办进行评估并完成补助资金的拨付、项目的实施和验收以及试点工作总结。

（四）资金支持政策

1. 托老所收住老人补贴向生活不能自理老人倾斜

为了保证居家养老服务项目顺利进行，北京市政府出台了一系列辅助运营扶持政策。2014 年北京市出台了《社会办全托型托老所床位补贴办法（暂行）》，资助对象是为老年人提供 24 小时托养服务的民办或公办民营的托老所，根据老年人的健康状况实行不同的补贴标准。此外，北京市还规定，月服务时间 18 天以上的床位，按照一个月的运营资助标准给予补贴（见表 20）。

表 20　北京市民办或公办民营托老所床位补贴标准

收住对象	资助标准
生活不能完全自理老年人	500 元/月
生活能自理老年人	300 元/月

资料来源：根据《社会办全托型托老所床位补贴办法（暂行）》整理。

2. 养老助餐试点建设区县补贴向郊区倾斜

为了进一步推进养老助餐服务体系建设，2015 年北京市在东城等八个区县开展养老助餐服务体系试点建设工作，出台了《关于 2015 年开展养老助餐服务体系试点建设工作的通知》。根据《通知》，北京市对装修改造、配餐设备、智能餐柜和膳食研发等项目给予补贴，补贴资金根据各个区县2013年户籍60岁及以上老年人口数量确定，城六区老人每人20元/年，郊区每人30元/年。根据这一补贴标准，东城等八个区县的补贴金额总量如表21所示。

表21　北京市部分区县养老助餐补贴金额

单位：万元

区　县	补贴金额	区　县	补贴金额
东　城	472	丰　台	556
西　城	674	石景山	182
朝　阳	966	房　山	447
海　淀	850	顺　义	348

资料来源：根据《关于2015年开展养老助餐服务体系试点建设工作的通知》相关数据计算而来。

3. 养老照料中心和养老机构项目支持向发挥辐射功能的机构倾斜

为了引导养老照料中心和养老机构发挥综合辐射功能，2015年北京市出台了《关于支持养老照料中心和养老机构完善社区居家养老服务功能的通知》。根据《通知》，北京市财政局按照每个项目20万元标准，通过转移支付方式拨付区县一次性项目补助，一个养老照料中心或养老机构享受市级补助累计不得超过200万元。

4. 居家养老护理员培训补贴向通过培训的人员倾斜

2015年发布的《关于开展居家养老护理员培训试点工作的通知》对取得"北京市居家养老服务培训结业证书"的人员，按照每人1500元的标准予以培训补贴，居家养老护理员培训补贴由试点培训机构按季度申请。

5. 购买"小帮手"电子服务器补贴向老年人倾斜

2013年发布的《北京市"小帮手"电子服务器配备使用管理暂行办法》规定，本市60岁及以上老年人首次购买"小帮手"电子服务器终端产品每台给予200元的补贴，再次购买"小帮手"电子服务器终端产品的老年人、残疾人（含首期已配备人员）应自行负担全额费用，不再享受政府补贴。

6. 配备防走失手环向失智老人倾斜

2016 年发布的《关于启动为失智老年人配备防走失手环项目的通知》中规定，"在二级及以上医院神经内科或精神科、老年科等专科进行脑功能检测或经认知障碍量表测试后，在病例信息中记载患有记忆障碍、认知障碍或已确诊为老年痴呆的失智老年人"可以免费申请防走失手环一个，优先保障城市特困、农村"五保"、城乡低保、低收入人群、失独老年人、优抚对象等困难群体中失智老年人的配备和使用。

7. 规范化建设单位奖励资金向规范化建设单位倾斜

2012 年发布的《2011 年养老（助残）餐桌和托老（残）所规范化建设单位奖励资金使用有关事项的通知》规定，"试点单位奖励资金总额 5200 万元，平均每个试点单位按 5.2 万元标准拨付"。

（五）监督管理政策

1. 居家养老服务条例

2015 年发布的《北京市居家养老服务条例》对各级人民政府及相关部门工作人员、社区养老设施的管理者和使用者以及养老服务企业事业单位和社会组织都做出详细的规定。本市各级人民政府及相关部门工作人员，如果违反了条例规定，依照《北京市行政问责办法》追究责任；违反有关法律法规规定应当承担纪律责任的，依照《行政机关公务员处分条例》给予处分；构成犯罪的，依法追究刑事责任。社区养老设施的管理者、使用者，擅自改变政府投资或者资助建设、配置的养老设施功能和用途的，可以处 10 万元以上 100 万元以下罚款。享受政府补贴或者政策优惠的养老服务企业事业单位和社会组织，如果没有履行相应的义务，由发放补贴的部门收回补贴，取消其享受优惠的资格，并记入本市信用信息系统。

2. 居家养老（助残）服务单位监管

北京市在 2011 年出台了《北京市居家养老（助残）服务单位管理规定（暂行）》，对居家养老服务管理单位的监管与奖惩做出规定。在监管方面，内容涉及标示标牌、服务内容、服务价格、培训、考核、退出机制以及接受各个部门的定期检查等。在奖惩方面，内容涉及年度表彰奖励、签约单位违规后的资格取消以及未签约单位违规后的处理等。

3. 社会办全托型托老所床位补贴资金

2014 年北京市发布的《社会办全托型托老所床位补贴办法（暂行）》对收住不同健康状况的老人给予补贴做出规定，同时对床位补贴资金的管理与审计监督做出规定：运营资助资金实行专款专用，接受资助的单位自觉接受财政和审计部门的监督检查，建立运营资助资金审计制度，民政局、财政局和老龄办三个部门共同对资金进行定期和不定期的监督检查。

4. 养老助餐服务体系试点补助资金

市级补助资金坚持专款专用，主要用于助餐站点装修改造、配置设备设施、老年膳食研发等方面，具体使用方案由区（县）研究确定。试点区要严格落实责任，加强对项目建设的督促、指导和监管，提高市级补助和相关配套资金的使用效益，探索建立养老助餐服务的长效机制，确保养老助餐项目按期保质完成。参与养老助餐服务的企业须承诺 3 年以上的持续服务期，并在签订的规范合作协议中明确相关责、权、利关系，对没有发挥作用的应责令限期整改，整改仍不合格应予清退并追缴支持资金。

5. 养老（助残）餐桌和托老（残）所规范化建设单位奖励资金

2012 年发布的《2011 年养老（助残）餐桌和托老（残）所规范化建设单位奖励资金使用有关事项的通知》做出以下规定：（1）奖励资金是政府为培育和发展居家养老（助残）服务市场拨付的以奖代补资金，必须专款专用；（2）奖励工作要做到公开、公正、科学，接受群众监督，防止暗箱操作；（3）区（县）居家养老（助残）工作主管部门要及时上报资金到位和使用情况；（4）市民政、财政、残联和老龄工作部门将开展专项检查和重点抽查，对检查中发现的问题，给予通报批评、取消签约服务资格等处罚。

6. 居家养老服务补贴的停发和追回

2016 年北京市发布了《北京市居家养老服务补贴停发、追回管理办法》，规定：（1）冒领居家养老服务补贴金额较大，涉嫌犯罪的，移送司法机关依法处理；（2）居家养老服务补贴经办机构及其工作人员滥用职权、徇私舞弊、玩忽职守，造成老年人合法权益受到损害、财政专项资金被挪作他用或流失的，视情节给予批评教育或行政处分，构成犯罪的，依法追究法律责任。

（六）小结

总的来看，北京市社区居家养老服务的政策框架基本形成，极大地推动了北京市养老服务事业的发展，产生了积极的社会效益。但也要清楚地看到，北京市养老服务政策还存在亟待完善的地方，主要表现在以下三个方面。

1. 政策碎片化特征依然明显

法律、法规和规范性文件之间，框架性政策、立法性政策、项目性政策和操作性政策之间，各部门政策之间，市区政策之间衔接仍不够（李兵、张恺悌，2009）。

2. 政策法规条文原则性强，操作性差

对于服务对象、补贴标准、服务设施、服务项目、实施办法和监督管理等缺乏较为细致的规定。

3. 政策法规供给与实际需求不够匹配

缺乏对现实需求的准备把握，导致出现现有服务数量不足、覆盖面不广、质量无法保证、资金与设施和服务使用效率不高且难以获得等问题（Adams & Shardlow，2005）。

六　政策建议

通过以上分析，本研究提出以下政策建议。

（一）确立社区居家养老服务基本原理

确定社区居家养老基本原理是完善政策的第一个重要环节（DoH，1998）。

1. 连续性和公正性原理

应当保持养老服务政策的连续性和公正性，遵循成本效益原理，努力减

少养老服务实践活动的低效率或无效率。

2. 尊严原理

养老服务应当支持老年人的独立和尊重他们的尊严。老年人应能够接受到他们需要的服务，而他们的生活不会被养老服务系统所取代。

3. 整合原理

养老服务应当使用整合的方式，把社会服务、卫生、住房、教育等需求放在一起，满足每个老年人的具体需求。任何老年人对他们得到什么服务和服务如何被发送应当具有发言权。

4. 公开原理

养老服务应当用公平、公开和一致的方式被组织、获得、提供和资助。

5. 干预原理

应当为每个老年人提供保护措施，避免他们遭受虐待、忽视或恶劣的对待。当虐待发生时，应采取果断的行动制止虐待行为。

6. 专业化原理

接受养老服务的人应当确信他们面对的员工（服务人员）已受到良好的培训，具有从事该项工作的技能。员工自己应当感到被包括在框架内，框架承认他们的奉献，并确保为他们提供高质量的培训标准和监督实践标准。

7. 标准化原理

人民对地方养老服务应有信心，了解清楚的和可接受的标准，如果未达到标准，可以采取行动来提高。

（二）转变思路

"十三五"时期社区居家养老服务业发展要实现七个转变（张晓峰，2016）。

第一，要从重社会养老向重家庭养老转变。

第二，要从过于重视扩大养老服务的供给向更加重视提升养老服务的需求转变。

第三，要从主要发挥政府的主导作用向更加注重培育社会力量在养老服务业发展中的主体作用转变。

第四，要从传统的注重数量增加向提升养老服务业的发展质量转变。

第五，要从原来的注重硬件建设向注重软件建设转变。

第六，要实现粗放式养老向精准养老转变。

第七，要向定位于服务对象需求和服务结果、注重服务过程的方向转变。

（三）优先考虑的事项

确立以服务对象需求为导向的新理念和新范式；用整合的方法制定和实施新的北京市养老服务条例（杜鹏、李兵、李海荣，2014）；在社区居家养老服务领域建立政府和社会之间新型的伙伴关系。

（四）专项建议

1. 制度设计

第一，统一应对人口老龄化背景下发展社区居家养老服务业的认识和理念。要特别注重顶层制度设计，积极构建多部门协同机制，包括消除多头治理模式，以及厘清医养结合的思路和实践模式。

第二，进一步明确政府、市场、社会、家庭和个人在社区居家养老服务中的角色定位及责任边界，确立他们之间的伙伴关系。特别是要重塑家庭在养老服务中的责任及义务，重视老人在社会中的独立自主与参与。

第三，尽快梳理与评估现有的法律法规和政策。对阻碍行业发展、相互之间存在冲突矛盾的条文应及时修订、完善或废除。应构建和完善服务委托制度和许可经营制度，为各类养老机构提供公平竞争的政策环境。

2. 政策内容设计

建议从以下六个方面明晰社区居家养老服务政策，使社区居家养老服务政策更具可实施性和可操作性。

第一，明确不能依靠自身和家庭实现自我照料与自给自足、需要政府"兜底"的服务对象。主要包括长期患病、身体残疾和存在精神健康问题的老年人，享有最低生活保障的老年人，以及其他面临各种困难的老年人（如吸毒老人、无家可归老人、受家庭虐待老人、刑满释放老人等）（李兵、张航空、陈谊，2015）。

第二，建立津贴标准，规范申请、发放和监督程序。最主要的是依据老年人的经济状况和家庭照顾情况确定老年人失能程度和津贴额。

第三，明确社区居家养老服务的设施建设和服务项目。一是增加失能老人、精神病老人等的照料设施和服务项目，以及喘息照料服务项目；二是着手拆除分割卫生和养老服务的"柏林墙"，真正实现社区卫生服务和养老服务的资源整合。

第四，建立和完善政府直接提供服务和购买服务制度。重点是引入市场机制和竞争机制，建立服务委托制度，规范转包、公开招标和许可经营制度。政府应更广泛地与志愿组织、独立的提供者、用户及他们的照料者和代表结成真正的合作伙伴关系。

第五，建立社区居家养老服务质量管理框架。一是建立和完善用户介入制度，以应对解决社区居家养老服务复杂多样的需求；二是建立和完善投诉、评估和问责制度；三是建立社区居家养老服务质量框架（The Social Protection Committee，2010）和业绩管理框架。

第六，建立和完善服务人员管理制度。通过相关的和适当的员工管理，确保员工把服务用户和公共利益放在心上。一是通过健全的培训体制，识别培训需求和确保其被满足，保证更多员工有资格提供社区居家养老服务和获得实际的帮助；二是建立职业标准，并将养老服务与劳动力市场有效地衔接起来。

3. 操作设计

第一，根据国家简政放权要求和养老服务机构的实际情况，变对养老机构许可的前置审批为后置备案，完善登记注册制度，适当降低行业进入门槛，完善行业监管和退出机制。

第二，建立健全并推行行业基本标准规范，明确行业基本概念定义，确定各项基础评估标准和信息化基本规范、养老服务质量管理框架等。

第三，鼓励养老机构建设向社区化、小型化、专业化方向发展，以品牌化、连锁化经营方式实现规模效应。一是针对一些地方出现的机构建设大型化、高端化，盲目发展养老地产以及养老产业园区等现象，建议各级政府理智判断、谨慎介入，在政策支持上应持审慎态度，减少行业试错成本；二是应根据区域养老服务的实际需求合理规划、科学布局日间照料中心等社区为老服务平台设施，不宜一哄而上，避免资源的错配及浪费。

参考文献

Adams & Shardow, 2005, "The Construction of Social Work in England—A Critical Review", *De-and Reconstruction in European Social Work*. Stassfurt.

Department of Health（DoH），Modernising Social Services，UK，1998.

The Social Protection Committee, 2010, *A Voluntary European Quality Framework For Social Services*, Inclusion of European Commission.

杜鹏、李兵、李海荣，2014，《"整合照料"与中国老龄政策的完善》，《国家行政学院学报》第 3 期。

冯喜良、周明明主编，2016，《北京居家养老发展报告（2016）》，社会科学文献出版社。

李兵、张航空、陈谊，2015，《基本养老服务制度建设的理论阐释和政策框架》，《人口研究》第 2 期。

李兵、张恺悌主编，2009，《中国老龄政策研究》，中国社会出版社。

张晓峰，2016，《在中国养老服务专家沙龙第一次研讨会上的讲话》，北京，1 月 16 日。

对政府购买社会服务的政策分析与思考

——以北京市居家养老政策为例

苑雅玲　赵忠中*

摘　要：

政府购买社会服务是世界各国政府提供公共服务的重要方式和有效途径之一。在我国，随着社会的发展，许多公共领域的服务供给浮现难题，给政府加强社会建设和推进管理创新提出了新的要求。为应对挑战，我国越来越多的地方政府推出了向社会组织购买社会服务的政策举措。本文以北京市政府购买居家养老服务为例，结合现有文献资料，针对政府购买社会服务中存在的市场竞争、不对等关系、合作成本等问题进行了分析与思考。

关键词：

政府包办　政府购买　居家养老　福利多元主义

一　政策背景

（一）老龄化加剧，养老问题凸显

按照联合国的标准，60 岁及以上老年人口占总人口的 10% 以上，或 65

---

* 苑雅玲，中国人民大学北京社会建设研究院副研究员，研究方向：人口学和老年学；赵忠中，中国人民大学社会与人口学院学生。

岁及以上老年人口占总人口的7%以上的国家或地区，称为老年型人口国家或地区。如果老年人口比例超出这个指标的3%～5%，就是"高老龄化"。根据《北京市2014年老年人口信息和老龄事业发展状况报告》，截至2014年底，北京市户籍总人口有1333.4万人，其中60岁及以上户籍老年人口296.7万人，占总人口的22.3%，65岁及以上户籍老年人口200万人，占总人口的15.0%。从2013年底至2014年底，60岁及以上户籍老年人口增加17.4万人，增长6.2%。按15～59岁劳动年龄户籍人口抚养60岁及以上户籍人口计算，北京市老年抚养系数为33.3%，比上年增加1.8个百分点。户籍人口中纯老年人家庭人口有48.6万人，占老年人口总数的16.4%；不能完全自理的老人已占老年人口的14%，其中近一半为失能失智老人。孙鹃娟（2013）根据"六普"数据算出北京的老年空巢家庭已经超过40%，并指出基本趋势是越来越高。吕盛鸽和宣丹萍（2012）预测得到北京市老年人口峰值期为2037年。在低、中、高三种方案下，北京市总人数分别在2023年、2024年和2025年达到峰值，峰值分别为1377万人、1389万人和1397万人，老年人数均在2037年达到峰值242万人，在预测期内老龄化系数一直呈上升趋势。

可见，目前北京市的人口老龄化形势已经十分严峻，老年人口具有规模大、老龄化程度高且增长速度快、空巢化与高龄化并行、失能老人多的特点，养老问题在未来将会进一步凸显。除此以外，随着社会的发展、人口流动性的增强，家庭结构日益小型化、核心化，传统的家庭养老模式维系艰难；而机构养老目前还难以满足老年人日益增长的养老需求，北京市养老机构近八成位于五环外，西城、东城、朝阳、海淀和丰台5个区的养老床位缺口均在5000张以上。虽然养老床位供给不足，但养老机构入住率并不高，只有40%。造成这一矛盾的主要原因是养老机构的投建与老年人口的分布存在空间错位，且与老年人的需求不相匹配。

在此形势下，居家养老的模式无疑成为北京市应对人口老龄化的最佳选择。居家养老服务是指老年人住在自己家中或长期生活的社区里，在继续得到家人照顾的同时，由社区的养老机构或相关组织提供服务的一种养老方式。它介于家庭养老和机构养老之间，利用社区资源开展养老照顾，由正规服务机构、社区志愿者及社会支持网络共同支撑，为有需要的老人提供帮助和支援，使老年人能在熟悉的环境中维持自己的生活。

（二）理念转变：从政府包办到政府购买

1. 政府失灵

政府购买服务在很大程度上受到新公共管理思潮的影响，它是对传统政府治理模式中理性官僚体制的缺陷和弊端的回应。自20世纪70年代以来，公共政策失败，公共物品供给的低效率，政府机构膨胀、寻租与腐败等问题在世界范围内引发了行政改革的热潮，同一时期公共选择理论和新公共管理理论成为主导，并成为政府购买服务的理论基础。作为新自由主义流派之一的公共选择理论采用方法论上的个人主义和"经济人"假设，认为由于缺乏竞争力、缺乏控制成本的积极性以及缺乏有效监督，出现了以低效率、寻租等为表现形式的"政府失灵"。"政府失灵"本质上是由于政府机制的缺失而无法使资源配置达到最佳的形式。

2. 福利多元主义

20世纪60年代，西方的福利国家建设发展到顶峰，社会保障和社会服务基本覆盖国民生活的各个领域，然而到了七八十年代，福利国家的财政不堪重负，服务效率也不尽如人意，各国政府开始大规模地削减福利支出。在福利危机的背景下，许多西方福利国家纷纷进行了大规模的福利改革，主张走"第三条道路"，变"福利国家"为"社会投资国家"，实行国家、集体和个人共同参与、共担风险的积极福利政策，从"国家福利"向"多元福利"转变，"强调政府不再是唯一的福利提供者，希望把商业组织与非营利的志愿性团体引入福利的供给中"。"它企图冲破国家和市场的绝对主义藩篱，寻求福利国家未来发展的最佳路径。"

福利多元主义认为，社会福利的提供主体可以是政府、营利机构、非政府组织、家庭与社区等，并强调各提供主体的相互配合和功能互补。政府在社会福利事业中主要扮演政策制定者、服务购买者、监督管理者角色，而其他各类社会组织和个人则主要是政策的执行者和各项具体服务的承担者。政府虽然在社会福利事业的某些领域中也承担诸多具体责任，但大部分的社会服务并非由政府承担，社会福利服务主要依托社会部门发挥作用，由各类社会组织尤其是非政府组织来负责。

3. 政府购买

所谓政府向社会组织购买服务，是指政府将原来直接提供的服务事项，通过直接拨款或公开招标的方式，交给有资质的社会服务机构来完成，最后根据择定者或者中标者所提供的公共服务的数量和质量来支付服务费用。在政府购买服务的过程中，政府部门和其他社会主体在政府的统一引导下，在各自的领域内充分发挥相应功能，以自身的优势弥补其他主体的不足，从而实现功能互补，提高社会福利服务的效益。

我国人口老龄化不断加剧，现有的公办养老服务已经远远不能满足公众的需求，政府继续单方面承包养老服务的做法显然已经不切实际，加之政府购买社会服务的模式在全世界范围内都产生了深刻的影响，我国政府也已经意识到民间组织是建设公共服务不可忽视的力量。《关于政府向社会力量购买服务的指导意见》和《中共中央关于全面深化改革若干重大问题的决定》等文件都指出，要"推广政府购买服务"，"凡属事务性管理服务，原则上都要向社会购买"。

二 北京政府居家养老服务政策梳理与评价

表 1　北京市政府 2000 年以来出台的居家养老服务政策情况

时间	政策	主要内容
2001 年	《关于全面展开居家养老服务的意见》	加大社区居家养老服务体系的建设力度，为社区中更多居家老人提供专业护理、便捷就近服务等，在整个社区中逐步构建覆盖面广、形式多样化和多层次化的居家养老服务网络
2006 年	《北京市民政局关于进一步推进深化居家养老服务工作的通知》	初步完成社区助老万人就业项目和居家养老服务的试点工作，预计在未来一到两年时间内，建立较为完善的居家养老服务网络

续表

时间	政策	主要内容
2009 年	《关于做好居家养老服务工作的意见》	社区居家养老服务站提出如何实施具体的居家养老服务,如在社区内开展老年餐桌、建立日托站托老所,政府设立居家养老券,对享受居家养老服务的老年人给予补贴,对百岁以上的老年人实行补助医疗制度
	《北京市市民居家养老（助残）服务（"九养"）办法》	提出到 2020 年实现 90% 的老人在社会化服务协作下通过家庭照顾养老,6% 的老年人通过政府购买社区照顾服务养老,剩余 4% 的老人入住养老机构养老,即 "9064" 养老服务模式;此后北京市颁布的《北京 "十二五" 老龄事业发展规划》中明确提出要加快养老服务体系建设,不断完善 "9064" 养老服务模式
2011 年	《北京市 "十二五" 时期老龄事业发展规划》	建立四级养老服务中心,北京市 195 个街道(乡镇)在 "十二五" 期间将新建或扩建不少于 1500 平方米的社区服务中心,其养老服务中心用房面积将不少于 500 平方米,鼓励商业保险企业、商业银行或住房公积金管理部门建立公益性中介机构以开展 "以房养老" 试点业务;制定政策扶持和资金引导办法,鼓励支持社会力量参与兴办居家养老服务业
2012 年	《社区居家养老服务规范》	将整个市行政区域范围内的社区老年人助餐服务、日间中心和居家养老服务社等居家养老服务组织分为四个阶段来落实:第一,加强宣传,大力推广;第二,对照检查,促进制度完善;第三,实行全员培训;第四,开展试点工作,在总结的基础上进行推广
2013 年	《北京市人民政府关于加快推进养老服务业发展的意见》	强化政府主导和引领作用,支持社会力量进入养老服务领域,扶持居家和社区养老服务发展,培育养老服务社会组织,发挥社会的主体作用,健全养老服务体系;到 2020 年,建立起以居家为基础、社区为依托、机构为支撑的养老服务体系,社会力量成为养老服务供给主体,养老服务业成为首都服务业重要组成部分,从业人员规模不断扩大,居家生活老年人得到养老服务的全面支持,社区养老服务设施覆盖所有城乡社区,机构养老床位达到 16 万张
2014 年	《北京市 2014 年为群众拟办重要实事》《北京市 2014 年街（乡、镇）养老照料中心建设工作方案》	建设 80 个街(乡、镇)养老照料中心,使老年人就近享受生活照料、家政服务、康复护理、精神慰藉等服务;养老照料中心主要的功能有社区和居家服务、全托服务、医养结合、日间托老
	《北京市关于政府向社会力量购买服务的实施意见》《北京市承接政府购买服务社会组织资质管理办法（试行）》	构建 "1 + 3 + N" 政府购买服务制度体系,明确购买内容,规范主体范围,充分体现市场,按照竞争择优的方式选择承接主体,政府购买服务目录、年度计划、项目购买结果、绩效评价等相关信息及时向社会公布,采取合同化管理;建立对承接主体优胜劣汰的奖惩机制,注重公众参与;管理扶持并重,明确市编办制定与政府购买服务衔接的机构编制管理规定,避免出现 "既养人,又买服务" 的重复投入现象;到 2017 年建立比较完善的政府购买服务制度,提前三年完成中央提出的任务目标

续表

时间	政策	主要内容
2015 年	《北京市居家养老服务条例》	全国首部针对居家养老服务的地方立法,标志着"以家庭为基础、社区服务为依托、机构养老为支撑"的社会养老服务体系将在法治的引领、推动和保障下加速发展;该条例针对居家老人最为关心的基本服务内容做出指引性规定,包括用餐、医疗卫生、家庭护理、紧急救援、日间照料、家政、精神慰藉、文化娱乐服务等内容
	《北京市民政局关于进一步加快推进民办社会工作服务机构发展的实施意见》	鼓励兴办民办社会工作服务机构,培育扶持民办社会工作服务机构行业组织,建立健全组织和工作机制,加快推进建立政府购买服务制度,逐步加大资金投入力度;扶持培育一批专业能力强、管理科学有序、行业规范自律、作用发挥明显、社会高度认可、承接能力较强的民办社会工作服务机构,使社会工作服务覆盖老年人、妇女儿童、残疾人等人群,社会福利、优抚安置、社会救助、社区建设、婚姻家庭等民生服务和社会治理各领域;争取到 2020 年,全市民办社会工作服务机构总量达到 1000 家
	《北京市政府购买服务管理办法》	进一步转变政府职能,推广和规范政府购买服务,更好地发挥市场在资源配置中的决定性作用;明确了基本原则、购买主体和承接主体及其应该具备的条件、购买内容及指导目录、购买方式及程序、预算及财务管理、绩效和监督管理等内容
	《北京市养老服务设施专项规划》《北京市 2015 年使用市级社会建设专项资金购买社会组织服务项目申报指南》	明确了 2020 年全市的养老设施和服务建设各方面的目标;到 2020 年,北京市需要有能力满足 16 万老人入住机构养老设施集中养老的需求;要在目前约 10.9 万张养老床位的基础上,到 2020 年达到 16 万张床位;今后 5 年新建的 5.1 万张床位中,保障型床位约 2.3 万张,占新建数量的 39%;加上现有的 2.5 万多张保障型床位,这类床位总数将达到近 5 万张,占总床位的 30%;首次明确"9064"养老服务目标
2016 年	《支持居家养老服务发展十条政策》(简称居家养老"养十条")	方便老年人在家门口养老,建设社区养老服务驿站,健全基本养老服务制度,政府为困难户养老"兜底",实施家庭适老化改造,建立"幸福彩虹"配送服务网络,加快打造养老餐桌升级版,促进医养融合发展,为居家老年人提供优先便捷的服务,实现紧急救援服务延伸到家,实施"北京养老"品牌战略
	《北京市"十三五"时期老龄事业发展规划》	提到要大力发展居家养老,开展养老服务职业化教育,加强养老服务从业人员职业建设,基本形成居家养老护理培训体系;促进养老产业发展,多渠道筹集养老产业发展资金,鼓励引导涉老企业发展壮大,积极培育养老服务社会组织

从参与主体来看,福利多元主义主张权力分散和多元主体共同参与,目前北京居家养老服务基本上形成了由政府提供基本公共服务,企业、社会组

织提供专业化服务，基层群众性自治组织和志愿组织提供公益互助服务的多元参与主体型体系。

从服务供给的多元性来看，北京市居家养老的服务内容丰富全面，有效地扩大了养老服务的范围。截止到2014年底，北京市通过指定和签约方式发展的养老（助残）服务的单位和企业达1.5万余家，按照服务类型可分为6大类，110项服务项目，涵盖老年人居家生活服务的多个方面。服务形式包括上门服务、社区设施服务、社区支援网络服务等，服务项目主要包括生活照料类、医疗保健类、法律维权类、文化教育类、体育健身类、志愿服务类等，方便老年人根据自己的需求和习惯利用不同的服务项目和服务形式。

在融资方面，社会工作组织的资金来源以财政补贴为主。2009年，北京市财政设立了北京市社会建设专项资金；2010年，开始探索使用北京市社会建设专项资金开展购买社会组织服务项目工作。2009年以来社会建设专项资金每年有2.5亿元，其中1.5亿元左右用于支持社会建设基础项目，1亿元左右用于向社会组织购买服务项目和管理岗位。根据《中国社会组织报告（2016～2017）》，北京市政府购买社会服务的力度非常大，全市所有的街、镇可使用的资金预算在10亿元左右，16个区有一半以上都在开展政府购买服务。2016年，支出总额为274亿元，其中，市级政府购买服务预算支出总额为229.2亿元，较2015年增长1.3倍。北京市还将政府购买服务的增长量写进了《北京市"十三五"时期公共财政发展规划》，要求每年都要实现20%的增长，即到"十三五"末期，政府购买服务的总规模将达到400亿元左右。虽然目前北京市社会工作组织的融资渠道比较单一，主要依赖政府，但北京市政府对购买社会服务的财政支持力度领先全国，为社会力量在养老等公共服务领域发挥作用创造了良好的环境。

在制度建设和规范化管理方面，北京市先后制定了《北京市市级社会建设专项资金管理办法（试行）》《使用北京市社会建设专项资金购买社会组织服务暂行办法》等一系列文件，形成申报、评审、公示、立项、监管、评估等一系列项目化管理制度。各主责单位也根据各领域社会组织的实际情况，制订了具体的资金管理办法、项目管理办法，基本形成了一整套较为完备、规范的政府购买服务制度体系。

总的来说，北京市政府购买公共服务的创新实践，在政策指导、经费保障、工作机制等方面积极探索，取得了良好的社会效益，有效推进了公共服务体系和制度的建设，为形成政府主导、社会参与、公办民办并举的社会公共服务供给模式提供了借鉴参考，积累了经验做法。但目前政府购买社会组织服务也存在一些问题，有待进一步完善。

三　问题与思考

（一）竞争市场的缺失

政府向民办社会工作服务机构购买服务，主要是基于市场机制和民间力量参与能够起到"降低服务成本"和"提高服务效率"的作用这一基本构想，希望通过缩小政府规模、引入市场机制、吸引社会力量参与，推动公共服务的多元合作供给，提高公共服务的效能。政府购买服务，其理想目标必然是解决原有官僚体制的运转效率低下的问题，降低服务成本、提高服务质量、增加服务数量。但是，这一理想目标的实现并不是无条件的，它依赖于一定的实现环境，竞争市场的形成就是不可忽视的前提。

政府购买社会服务源于20世纪60年代美国政府的一项社会福利制度改革，这项改革随着福利危机和新公共管理思潮的发展，在世界范围内产生了深刻的影响。然而我们在借鉴国际经验的时候，还需要注意这些经验产生的社会背景和政策前提。西方国家之所以能够在政府购买社会服务方面取得巨大成功，离不开长期以来存在大量经验丰富和发展成熟的非营利组织这一外部条件。西方国家受宗教传统影响，慈善事业历史悠久，宗教文化传统催生了众多为无劳动能力和遭遇社会危机的人提供服务和资助的慈善组织，并在此基础上发展出专业的现代社会工作组织。这些大量存在的非营利组织在政府购买服务之前就已经积累了丰富的经验，自身发展较为独立且数量庞大，有了这个竞争市场形成的重要基础，政府购买服务引入竞争机制才得以拥有良好的外部条件。

但是中国的社会工作服务组织尚处在起步阶段。在过去的计划经济体制中，社会福利和公共服务都是政府一手包揽，社会工作服务组织并无用武之地。进入21世纪，中国政府重视市场力量，强调政府转型，中国的社会工作服务组织开始发展起来。但是到目前为止，中国的社会工作服务组织仍然发育不足，尤其是专门从事社会服务的组织更为稀缺。以北京为例，2015年末，北京全市常住人口有2170.5万人，全市登记备案社会组织有近3万个，其中登记在册社会组织有9723个（社会团体3962个、民办非营利组织5379个、基金会382个）。这与世界发达国家每万人拥有社会组织50～100家相比，总量严重不足。社会工作服务组织数量过少，服务经验缺乏，而社会需求却十分庞大，严重的"供不应求"使得政府引入竞争机制面临尴尬局面。

冯喜良等（2017）对北京市的调研涉及的20项社区居家养老服务中，大部分服务的供给并不是由社区组织或者专业机构负责，由此导致的直接结果就是服务的实施和管理都不规范。以小时工服务、室内保洁服务为例，此类生活服务几乎全部由家政公司提供，老年人使用这些服务只能通过家政公司。在实践中由商业化的、以营利为主要目的家政公司提供的服务，不仅服务效果不佳，诸如打扫不干净、不用心等问题比比皆是，而且对专业机构的业务发展构成了阻滞。

为了破解这一难题，2015年9月，北京市政府出台了《北京市民政局关于进一步加快推进民办社会工作服务机构发展的实施意见》（京民社工发〔2015〕334号），鼓励并培育扶持民办社会工作服务机构行业组织，提出到2020年全市民办社会工作服务机构总量达到1000家的目标。要在短短五年内实现这一目标，在实际操作过程中就要注意避免出现降低民办服务机构登记门槛造成服务机构低水平恶性竞争的情况出现。

岳经纶与郝英慧（2013）指出，在某些地方由于政策支持及购买服务经费的刺激和在实际操作中降低NGO登记门槛，专业社工类NGO呈现激增状态，达到数量可观的状态，但是由于低门槛进入市场的机构背景各异，数量上的繁荣并不能给"竞争"创造良性条件，反倒使"准市场"的环境更加令人担忧，进一步导致政府购买服务的招投标机制本身也很难发挥筛选、择优功能。在实际操作中，无论是购买方还是承接服务方大多将竞标过程视为"走过场"，因为中标的关键不在招投标过程，而在竞标前双方是否能够达成"共识"。在这样的情况下，非竞争市场滋生了竞标前合作行为，对于一些奉行"不求无功，但求无过"的基层政府而言，既能够降低日后合作中可能的风险，也在一定程度上为其提供了寻租空间。对于有意承接服务的NGO而言，为能够确保最终取得服务承接资格，通常的策略都是"委曲求全"，包括为街道准备招投标文件、在签订合同前无偿为街道提供服务、派出社工协助街道行政工作等。这种"竞标前合作"在一定程度上奠定了合同双方不对等的关系基础，NGO的话语权也面临被消解的危险，同时还助长了机构间的不正当竞争。

（二）不对等关系下的服务质量隐忧

政府之所以要通过购买的形式将公共服务委托给社会工作服务组织，主要是基于对社会工作专业理念与服务技术的认可，相信购买服务在策划和递送社会服务时拥有更大的灵活性和选择空间，并且能够摆脱政府机构在人员、预算和其他关键要素上缺乏服务动力、服务低效等问题。但在实际运作过程中，由于该领域的竞争市场尚未形成、专业人员缺乏，再加上对政府依赖性过强、管理不规范等问题，社会工作服务组织提供的服务不尽如人意。

从前文可以看到，即使像北京这样在政府购买社会服务的实践探索中走在全国前列的城市，政府投入大量资金，社会工作服务组织在融资方面的渠道仍旧过于单一，容易造成社会工作服务组织对政府财政资源的依赖，进而丧失其自身的独立性。在"政府购买、民间运作"模式中，社会组织注册成立资金大多由发起者个人出资，成立后所需资金主要依靠政府购买服务，这种单一的资金来源使得政府和社会工作服务组织之间的关系变得不对等，从而为服务递送质量低下埋下隐患。

承接服务的社会工作服务组织对政府资助缺乏稳定的预期，为了应对服务终止可能带来的风险，这些组织通常的做法是在人员成本上进行调整，雇用低酬工作人员以降低运营成本和风险。石磊（2016）通过对北京市海淀区养老助残管理服务中心的调查指出，专业服务人员的短缺直接导致服务人员工作精力不足，当服务对象较多时，服务人员无法从一个对象身上抽出时间和精力立即去为另一个对象提供服务，从而出现服务不能及时提供的现象。郭淑婷（2016）对北京市居家养老服务人员的调查发现，工作人员通过简单的培训即可上岗，初级护工较多，缺乏中高级专业人才。护理服务人员以女性（40~49岁）为主，缺乏低龄和男性护工，护理服务专业人才严重缺乏、性别失衡、高龄化导致无法满足老年人多样性的需求。

另外，一些NGO难以在专业服务上有所突破，为了应付政府的要求，在服务递送中会采取一些投机性的策略，较为典型的策略即"案主奶油化"，主要是指作为服务提供者的NGO在选择和服务需要最迫切的案主时，利用他们的信息优势，挑选那些服务成本最低或最易治疗的案主，以此证明其成本效益或对成效进行美化。

（三）合作双方的管理成本问题

政府与社会工作服务组织的合作，虽然预想的结果令人欢欣鼓舞，但是合作过程的艰难也不容忽视，双方为此付出的合作成本是值得反思和改善的重要内容。

一方面，社会工作服务组织成功申请到政府的项目并非易事。在申请过程中，社工需要进行服务需求调查、构思服务理论框架、创新服务手法、与不同价值观的主体如商界建立合作关系、撰写项目申请书及参加答辩并修改等，整个申请过程需时长且手续繁复。为了应对这一挑战，大部分NGO都设有规模不等的研发部或拓展部，或者聘请人员全职负责或者从不同服务项目抽调人员兼职负责投标工作及标书的制作，制作标书成为程序化的工作，反而很少考虑合同标书的后续执行情况及服务的创新。以上种种，有时反而令机构需要抽调额外资源投入新项目的规划和执行，加剧服务资源紧张的情况。而且基金资助项目一般2~3年便结束，若有需要转型为经常性服务，还需重新招标。非政府组织需要调整机构管理以适应这种具有时限性的服务资助，因而也多采用短期雇用合约，旨在进一步降低职位稳定性和薪酬水平。不断的寻标、应标使 NGO 在运作中更加重视行政管理工作，并要求项目管理者更具企业家精神，具备与购买方搞好关系的能力，甚至 NGO 管理者的招募过程中完全不看重他的专业资格，而是基于其行政技能与管理能力做出判断。在现有资助制度的影响下，NGO 的管理者逐渐成为获取捐赠及资助合同的专家，成为一个售货员、说客甚至是一个"气象预报员"，他们持续监控各级政府在社会服务优先权上的政治风向。

另外，政府购买服务在进入正式实施环节之前必须要经过流程性的招投标以及现实中的"竞标前合作"。从最初的合同开发到合同审批通过，通常需要 3～6 个月的时间，这对 NGO 而言意味着巨大的成本。如果"竞标前合作"不成功，NGO 则面临方案不通过进而失去资助的风险；即使合同审批通过，时间的滞后也会造成资金流动问题以及垫付服务经费等计划外支出，这些成本在合同中通常是不会获得补偿的，然而这些成本对于一些小型 NGO 而言尤其难以承担，甚至会迫使他们放弃参与服务供给的竞争。

机构在申请项目的过程中必须迎合资助者主导的政策和服务取向，才能避免生存危机。机构大量的时间、精力和人力资源耗费在获取资源的准备状态，而不是真正的服务状态，这在很大程度上使得机构的专业性、独立性和自主性受到影响。

另一方面，对于政府来讲，要成为精明的买家也是一项极具挑战的任务。政府将公共服务的提供任务委托给第三方，虽然自身可以从"大包大揽"的繁重工作中退出，但这并不意味着政府管理职能的减弱，政府还需要在合作的整个过程中一丝不苟地进行政策规划、合作谈判、讨价还价、多方调节、监督审计等。可以说，政府面临的环境将会更加复杂，这无疑对管理水平提出了更高的要求。因为好的"交易"不仅取决于是否签订合同，合同给谁，更重要的是合同整个过程的管理，必须搞清楚"什么应该买，怎么买以及如何判断已购买的服务"。

政府购买服务展开以后，购买经费一般由区级政府承担，具体的工作则由街道负责落实，正式的三方协议中也赋予街道监督的权力，这意味着街道成为购买服务合同管理的主体。然而街道如何清楚地知道 300 万元的经费能够买到怎样的服务？他们能否承担起管理和监督的大任？显然，这是评估和监督的大难题。岳经纶对 G 市的调研发现，很多街道会直接按照市里的参考指标签订协议或将订立指标的权力全权委托给日后承接服务的 NGO，让机构自己给自己确定服务指标。这种缺乏理性的合作从开始即为日后的合同监督、管理埋下隐患。在缺乏竞争及合同管理经验的情况下，随着时间的推移及对 NGO 的依赖，街道越来越担心"政府是否会成为服务提供者的俘虏"，有街道提道："虽然购买服务开始的时候好像我们街道比较掌握主动权，但现在服务真正开始了，我们感到很无奈，有时候我们希望了解一下他们（NGO）服务开展得怎么样，个案做得怎么样。他们的社工说按照专业要求需要保密，那我们也不好再说什么了。"街道对 NGO 的检查和监督存在专业保密性的监督障碍，但检查和汇报工作是街道的职责所在，于是街道便要求机构提交活动通讯、服务简报，尽管社工本职工作会有文书要求，但"街道通常会有格式要求，交上去的通讯稿，要符合他们的格式"，这些活动简报既有助于街道直观了解机构开展服务的情况，又有助于街道"一鸡多尾"，应对"不同线"（不同上级部门）的活动要求。这些活动通讯、服务简报对街道对外宣传、向上汇报工作都有重要作用，因此无形之中促使街道行政对专业服务的干预。例如，街道通常要求活动的规模再大一些、场面再热闹一些、参与人数再多一些，然而一旦专业社工在这些方面下足功夫，其在深入的专业服务方面势必会受到牵扯。

四 反思与总结

通过上述分析可以发现，政府购买服务理想目标的实现需要依赖一定的实现条件。首先，规范系统的制度化建设是政府购买社会服务持续、稳定运行的重要保障。一方面，政府需要制定向社会组织稳定、持续地购买服务的制度，拿出公共财政资金来保证政府购买服务的顺利进行，并在合作中共同建立双方的信任关系；另一方面，在具体的操作层面上应该有正式、明确的规则和细则，同时应该在监督与评估方面下大力气，既要做到有效监管，又不能过分干涉，在这一方面，可以借鉴国外经验，考虑引入第三方评估的机制。其次，要强调服务承包主体之间的竞争性，政府在购买服务时，服务提供主体的确立要基于市场"竞争"方式来选择。最后，合作双方的平等关系是政府购买服务可持续发展的需要，如果购买主体之间不独立，服务质量堪忧，那么势必会影响理想目标的实现，因此，大力扶持社会工作组织发展、培养专业人才，使其向专业化、品牌化的方向发展，是政府为长远发展应该做出的努力。

参考文献

David M. Vanslyke. 2012. "The Public Management Challeuges of Contracting with Nonprofits for social Services." *International Journal of Public Administration* 25 （4）：489 – 517.

Kramer R M. , 1987. "Contracting for Social Services：Process Management and Resource Dependancies." *Social Service Review* 61 （1）：32 – 55.

冯喜良、孙亚舒，2017，《社区居家养老服务实施现状的调研报告——基于 2015 年北京市的调研数据》，《调研世界》第 1 期。

郭淑婷，2016，《福利多元主义视角下北京居家养老服务模式分析》，《劳动保障世界》第 17 期。

黄晓勇主编，2015，《中国社会组织报告（2016～2017）》，社会科学文献出版社。

吕盛鸽、宣丹萍，2012，《北京市人口老龄化系数预测》，《统计研究》第 9 期。

石磊，2016，《政府购买居家养老服务模式的现状及对策探析——基于北京市海淀区养老助残管理服务中心的调查》，《现代经济信息》第 1 期。

孙鹃娟，2013，《中国老年人的居住方式现状与变动特点——基于"六普"和"五普"数据的分析》，《人口研究》第 6 期。

许小玲，2012，《政府购买服务：现状、问题与前景——基于内地社会组织的实证研究》，《思想战线》第 6 期。

岳金柱，2016，《政府购买服务的实践探索与改革创新——以北京市社会建设专项资金购买服务为例》，《国家治理》第 31 期。

岳经纶、郭英慧，2013，《社会服务购买中政府与 NGO 关系研究——福利多元主义视角》，《东岳论丛》第 7 期。

张坚，2016，《构建政府购买社会组织服务政策体系——北京市社会建设专项资金购买社会组织服务调研报告》，《社会治理》第 3 期。

赵立新，2013，《社区服务型居家养老的社会支持系统研究》，《人口学刊》第 6 期。

第二编　流动人口研究

北京城乡结合部重点村治理
难题与对策思考*

王雪梅　吴　军**

摘　要：

多年来，流动人口聚居区始终是首都城市建设与管理的一大难题，流动人口聚居引发的城乡结合部社区转型治理问题是城市社区建设与管理的新课题。城乡结合部重点村目前在治理中存在整治产生了"堰塞湖"效应、非法对合法经营的逆淘汰现象普遍、驻区单位流动人口属地管理协调难、重点村高度依赖瓦片经济等难题。针对这些难题，可以从三个方面来进行解决：第一，转变观念，重新认识城乡结合部流动人

---

* 本研究得到 2016 年度北京市市级社会建设专项资金支持项目"北京枢纽型社会组织研究——以顺义区为例"和"社区党组织在社区治理中的作用研究"的支持，在此表示感谢。

** 王雪梅，北京市委党校（北京行政学院）社会学教研部副教授、北京人口与社会发展研究中心研究人员，研究方向为社区治理与社会组织发展；吴军，北京市委党校（北京行政学院）社会学教研部讲师、北京人口与社会发展研究中心研究人员，研究方向为城市社会学与城市政策，近年聚焦文化与城市发展、社会组织发展与政府治理创新等。

口聚居区的功能和意义；第二，创新理念，以"善治"替代"整治"，积极建设更具包容性的城乡结合部；第三，区分"聚居"和"过度聚居"，推行差异化管理，加强对城乡结合部的公共服务与管理。

关键词：

北京城乡结合部　社区治理　治理难题

在快速城镇化背景下，大批人口涌入城市，聚集到城市内部特定的区域（城乡结合部），并形成流动人口聚居区。流动人口聚居区在北京已有 20 多年的历史。21 世纪以来，北京这座城市处在快速扩张阶段，城乡结合部有着很强的时段性色彩，形成的流动人口聚居区最近位于三环周边，最远位于六环周边，很大一部分位于北京的绿化隔离带区域，呈现与之前不同的特点，比如流动人口聚居导致城乡结合部地区社区结构与功能发生改变。规模庞大、增长迅猛、高度聚集的流动人口给首都的经济社会带来很大影响，同时对北京城市的社会治理提出了新的要求。多年来，流动人口聚居区始终是首都城市管理的一大难题，流动人口聚居带来的城乡结合部社区转型是社会科学研究的新课题。北京市政府对城乡结合部进行过多次整治，最近的整治有两次，2010~2012 年，北京市整体启动了 50 个"重点村"整治行动，涉及20 万当地农民、100 万流动人口；2016 年，北京市实施了为期一年的针对城乡结合部重点地区 100 个挂账村（社区）的综合整治行动，覆盖 10 个区、21个街（乡、镇）的 120 多万人口，社会影响深远。尽管整治工作取得了一些成效，但是也面临诸多难题。在这种情况下，本文希望通过对该区域治理难题的进一步分析，来思考如何改善城乡结合部流动人口聚居区治理情况。

一　2016 年城乡结合部重点村治理整治简要情况

百村专项整治见于 2016 年北京市《城乡结合部重点地区公共安全隐患问题综合整治工作方案》，方案制定的指导思想是"认真贯彻落实中央领导同志重要批示精神，深入落实党中央、国务院和市委、市政府关于疏解非首都功能、调控人口规模、治理大城市病的部署"，重点目标包括违法建设得到有效控制、治安秩序明显好转、生产经营规范有序、流动人口倒挂问题得到有效缓解等。

为此，市委市政府统—领导，成立市城乡结合部重点地区综合整治工作总指挥部。指挥部联合相关部门进行初期调研，根据重点地区存在的突出问题，定下此次综合整治的100个挂账村。百村全部位于城乡结合部地区，普遍存在以下问题：流动人口多、人口倒挂比例高、无照经营问题突出、环境脏乱、可防性案件高发等。百村分别隶属于朝阳区（20个）、海淀区（16个）、丰台区（12个）、石景山区（3个）、大兴区（10个）、通州区（12个）、顺义区（4个）、昌平区（16个）、房山区（4个）和门头沟区（3个）。

此次整治不同于以往的是，各区县同时自行确定100个区级整治重点地区，专门从市有关部门选派百名优秀中青年干部充实到挂账重点地区，担任村（社区）党支部书记助理，协助配合开展工作。两级挂账督办，集中治理，以点（重点地区）带面（全市全面）。同时相应加大财政投入力度。整治工作为期一年。综合整治工作任务分解为若干项专项整治，其中较有难度的有违法建设专项整治，要求重点拆除集体土地上用于出租住人的出租大院、工业大院、废品大院和村（社区）内侵占街道的违法建设，此外还有违法经营专项整治、违法出租专项整治等。希望通过整治，使城乡结合部流动人口聚集区情况有明显改善。

二 城乡结合部重点村治理遇到的难题分析

（一）整治产生意外后果，引发"堰塞湖"效应

重点村整治产生意外后果，引发"堰塞湖"效应：流动人口向周边地区转移居住，导致周边村人口激增，公共服务压力大，违法建设掀高潮，社会治理现风险，进而生成一批新的"重点村"。

案例：唐家岭在50个挂账督办的重点村中排名第一。2010年初，唐家

岭村聚居区的外来流动人口就开始向周边区域转移。小牛坊村隶属永丰乡，距唐家岭仅有 3 公里。到 2011 年，这些村的出租屋基本饱和。大约 10 倍于本地村民人数的流动人口，给这些村带来了巨大的压力，如治安差、安全隐患突出、环境恶劣等。2012 年前后，小牛坊也完成了拆迁。这里的租户们再一次迁移。调查得知，这个村也是在唐家岭拆除后的近三年里"兴盛"起来的。2016 年，定福黄庄村、史各庄村等同属回龙观镇的"北四村"，一并被纳入城乡结合部地区 100 个挂账整治的重点村。

此次问卷调查中，近 1/3 的村（社区）反映"周边拆迁及整治"是流动人口在本村聚集的主要原因之一。其中有 6 个村甚至认为这是导致该村流动人口规模膨胀、比例严重倒挂、社会治理难度大的最主要原因，它们是朝阳区横街子村、后街村、咸宁侯村、奶西村，丰台区卢沟桥乡太平桥村，通州区永顺镇小圣庙村。

流动人口的大规模聚集，也会使本来就不够充足的基础设施面临更大的压力。百村普查结果显示，分别有 68 个和 56 个村（社区）认为垃圾处理和用水是本村（社区）面临压力最大的公共服务。此外，1/3 以上的村（社区）面临停车位、交通、用电方面的较大压力。

典型五村问卷调查数据显示，流动人口对居住生活条件中的通信设施、水电气暖供应、垃圾/污水处理和公共厕所等公共基础设施的评价相对较低，不太满意和不满的比例分别占到 13.09%、13%、21.09% 和 26.32%（参见图1）。

案例：昌平东小口镇兰各庄村是典型的因周边拆迁整治，流动人口猛增的"重点村"。该村有户籍人口 814 人，2008 年前大约有流动人口 2000 人，因在 2008 年奥运会前夕天通苑、洼里地区拆迁整治，大量流动人口涌入村庄，到 2012 年流动人口增加明显，达 6300 人，2016 年统计时达 9700 人。由于流动人口激增，这一地区的公共服务需求和供给矛盾较为突出。村干部在与我们的访谈中披露，村里面每住一个流动人口，村委会就得倒贴2000～3000 元，主要用于村庄基础设施建设、维修，基本公共服务提供，如电力设施改造、供水、修路、垃圾清运、公共厕所清扫等。

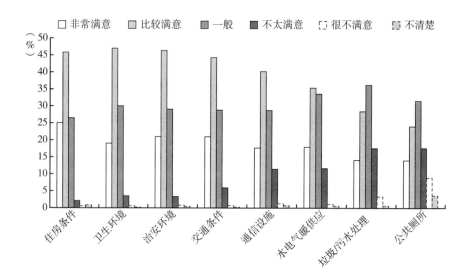

图 1　流动人口对居住生活条件的评价

（二）非法对合法经营的逆淘汰现象普遍，专项整治"长效"难

非法经营问题在 100 个重点村中也比较普遍。非法经营通常是指行为人在未获得经营许可证或者批准文件的前提下，以牟利为目的展开的买卖经营活动。针对流动人口的非法经营主要包括黑旅馆、黑收购、黑歌舞厅、黑洗浴、黑网吧、黑电子游艺厅、黑美容美发和小化工、小木器、小服装、小加工以及小作坊等，俗称"七黑五小"。

案例：丰台黄土岗村以小门店经营为主的小卖部有 12 个、小餐馆 11 个、理发店 6 个、小旅馆 1 个、修鞋与干洗店各 1 个，主街下午 4 点以后流动摊贩开始聚集，主要以卖菜与买水果为主。昌平兰各庄两条主街分布着小餐馆 35 个、小卖部 15 个、小理发店 7 个、通信器材店 6 个、小诊所 3 个以及小网吧 2 个。海淀福缘门社区非法经营的小门店有 60 多家，80% 由东北人经营，下午 5 点以后，主街上的流动摊贩比较多，以经营烧烤与麻辣烫为主，有 20 个左右，直到深夜 10 点后才慢慢散去。

虽然流动人口的非法经营有诸多无奈，但需要指出的是，非法经营正因流动人口现实生活需要而逐渐规模化、普遍化，甚至出现了对合法经营的逆淘汰现象。如昌平区回龙观乡每周二、周六都会有流动人口自发聚集的集市，影响本地市场经营；昌平兰各庄村出现了河南人聚集的废品集散地，并在周边形成为其服务的相关产业，滋生了相关产业链；海淀福缘门社区每天晚五点后会出现烧烤一条街，多为占道经营，对正规饭店经营造成了很大影响。同时调查发现，流动人口非法经营已经是"常态"。另外，在调研中，当访谈对象被问起是否有相关证件时，他们往往会呈现一种藐视态度，这也从侧面说明这种现象的常态化。非法经营基层治理难的原因在于以下四个方面。

一是需求大，抑制难。大量流动人口聚集对低生活成本与生活方式的市场需求大，城乡结合部的地缘优势满足了这种低生活成本的需求，比如对五个典型村的调查发现，城乡结合部平均租住一间 15～20 平方米的农民出租屋每月租金在 300～600 元，而且这些地方多数交通便利，周围都有相关市场业态。对于低生活成本的大量需求，造成抑制这种现象的难度加大。二是经营门槛低，违法成本低。非法经营的门槛与成本低，容易操作，如流动摊贩，由于其本身的流动性很难仅从行政执法角度来进行监管，对于其合法身份的认定也比较难。对于这些违法经营，最多是一些经济性惩罚，很难起到惩治的效果。三是低端行业本地人不愿意做，外地人填补。城乡结合部存大量低端业态，本地人往往出于各种原因不愿意干，认为"跌份"，这个缺口就由外来人口进行了填补，如保洁、垃圾清运等工作。当城乡结合部过度吸纳聚集流动人口便产生了服务流动人口的流动人口，当其规模不断扩大后，便形成了流动人口的非法经营问题。四是长效难，容易反弹。基层在治理非法经营活动时多注重短期效果，在一些重要节日或上级检查时重点排查，一旦应付了检查，就减少这方面的执法与监督力量，并没有形成一种长效机制，这就造成了非法经营活动的反弹现象。

流动人口的非法经营确实给北京城乡结合部地区的社会治理与人口疏解带来了挑战。一是食品安全和环境卫生问题突出；二是社区内的交通秩序问题显著，道路被随意占用，停车位短缺现象比较普遍。调查数据显示，100个重点村（社区）中，分别有 89、52 和 49 个村（社区）认为，环境卫生、治安秩序和消防安全是本村流动人口管理最突出的问题。交通秩序、违法经营和用煤用气安全也在为数不少的村（社区）中存在，分别有 28、16 和 14 个村（社区）认为上述问题是本村面临的最突出问题（见图 2）。

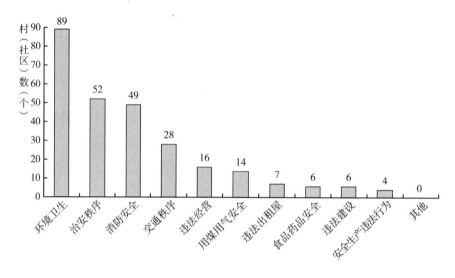

图 2　百村（社区）流动人口管理最突出的问题

（三）驻区单位流动人口属地管理协调难

城乡结合部重点地区面临复杂的流动人口协调管理局面。

首先，协调单位类型多样，隶属关系复杂，行政级别高。社区（村）辖区内，既有国有土地上的国有驻区单位，也有在村集体出租土地上的国有驻区单位；既有产业园区、工业园区、科技园区等公司企业单位，也有部队、医院、学校等事业单位和社会组织；既有市属企事业单位，也有国家级的央企、央属单位。无论是哪一类驻区单位，从行政级别上来看，都远高于乡（镇、街）、村（社区）两级流管站。

其次，由于街镇、村对驻区单位内流动人口的管理事项、管理权限定义不清，驻区单位事实上成为"嵌入"街（乡镇）、村（社区）辖区的一个个"飞地"，属地难以准确掌握实有人口情况，造成管理和服务存在漏洞，隐藏着许多社会不稳定、不和谐的因素。

再次，各级各类属地单位对流动人口工作重视程度不同、政策理解不同、落实方式不同，导致属地管理各项工作推进困难。驻区单位对流动人口工作普遍不重视，信息沟通不畅，政策贯彻不力，对属地工作配合不够、支持不足，在利益驱动之下，甚至阻挠、掣肘流动人口服务管理有关规定的执行。

最后，有效的、固定的协调联系机制尚未形成，且没有相互约束措施，影响执法的效率和成效。

案例：朝阳区崔各庄乡东辛店村村域内有两家驻区单位，三元饲料厂和市政三公司，前者隶属于国资委中财集团。20 年前，三元饲料厂承租本村 30 亩集体土地（土地承包合同有效期为 50 年）兴办第三产业，建起拥有四百间房的大院公寓，全部用于出租，目前院内大约有 1000 名租房居住的外地人。市政三公司征用 150 亩村集体土地，先用于公司员工宿舍，后全部转租，目前该土地上是三个出租公寓，一个出租大院，共计 1000 间房，外地租客达 2000 人左右。村流管站干部谈及驻区单位内流动人口服务管理工作时说："那里的安全隐患特别大。咱们现在不让使蜂窝煤，烟会熏着人，使也可以，必须买政府指定的风斗，但是他们不买。但凡是咱们村里面打压不让干的事，他那（指驻区单位大院公寓内）全干。比如说小汽修我这全没了，他那干汽修。那些低级次的产业，村里疏解掉了，全都转移到大院里了……他们那的管理真不上心，我们如果过问，那就是'热脸贴冷屁股'，人家'不服管'，如果我们不管吧，真出了事，就是我们（属地）的责任。本地出租房屋，可以用村规民约、自治章程来制约，但驻区单位的出租房屋管理……说白了，'没抓手'。"

（四）重点村高度依赖瓦片经济，社区转型难、治理难

村集体和村民收入高度依赖土地和房屋出租，瓦片经济转型难，社区治理难。正如本文前部分分析的那样，百村中没有集体经济的 46 个村，几乎完全依赖瓦片经济，凸显了重点村的经济转型与治理的难度。造成这种土地

出租和瓦片经济转型难的原因有以下几方面。

一是城市化的快速推进引发人口在北京城乡结合部地区的过度聚集。从城市外部来看，北京作为中国城市发展中的"翘楚"，无论是在工作机会创造上，还是在诸如教育和医疗等公共服务资源的提供上，对周边省市和全国其他地区的人口都有着强大的吸引力，以致大量人口在极短的时间内涌入北京。从城市空间内部审视，城市郊区农村以"合并村落""撤村建居""撤村并镇"等形式，在短时间内"被吸纳"到城市社会体系中来。研究表明，无论是经济性，还是社会文化性，北京城乡结合部都具有吸纳新增城市人口的优势，是新社会群体"落脚"城市的最优地带。在这样一个大背景下，对集体土地出租和瓦片经济的高度依赖，是村集体和农民为追求经济利益最大化而做出的一种理性选择。

二是失去土地的农民就业出路少，缺乏经济来源。"瓦片经济"实质上是农民维持生计的一种经济方式。在城乡结合部，当地农民面临的一个很大问题是失去土地后的谋生问题。因为村里的土地大部分被征用，本村农民的就业、居住和集体资产分配等都受到较大影响。由于农民自身条件在就业方面的限制，本村农民进城务工的收益相对较小，因此他们大部分从事房屋出租行业。部分村以村民委员会或村民小组的名义将农村集体土地使用权出租给第三方，用于建设厂房、经营用房或出租房，所得收入用于维持村里的基本公共服务开支。

三是历史欠账比较多，经济结构较为单一。我们调查了100个重点村，村集体企业多数是一些低端产业，比如建筑装潢市场、二手车买卖市场、花卉市场等，这些产业吸纳了大量流动人口就业。相当多的重点村基础设施比较薄弱，很难吸纳高端新型产业入住，只能依靠土地出租和瓦片经济来维持运转，很难实行自我经济转型。

同时，"瓦片经济"给重点村的社会治理、人口疏解带来了挑战。比如，农民（居民）为了出租更多的房屋而私搭乱建，海淀区福缘门社区几乎每家每户都在原来宅基地平房的基础上翻建了两层到三层，每户出租房屋在30间左右。他们不仅在自家宅基地上翻建，还"充分利用"街区路边的空地，村里的许多道路几乎成了一米宽的胡同，被当地人戏称为"一线天"。这样的私搭乱建不仅超额容纳了外来流动人口，还对供水供电等基础公共服务带来了压力，尤其是消防安全面临很大挑战。除此之外，政府在对这些地区依法进行改造或征收时，往往面临解除土地租赁合同或动拆迁所引发的高额赔偿问题，不仅给改造或征地拆迁工作带来了极大的困难，也严重影响了城市的建设与发展。

（五）聚居区流动人口多方面的诉求未得到充分满足

典型五村抽样问卷调查结果显示，近一半的流动人口希望在住房（49.37%）和就业（43.64%）方面获得政府更多的帮助。除住房和就业外，认为北京市政府需要加强医疗卫生（30.57%）、子女教育（30.28%）和基本社会保险（25.94%）的流动人口比例也都超过了1/5。由此可以看出，在收入和支出方面的期望得到满足后，流动人口进而会关注子女教育、自身健康和相应的社会保障。另外，各有17.5%、16.83%和12.2%的流动人口希望获得权益维护、社区设施和服务、工商经营服务方面的帮助。

在工商经营服务的需求上，务工者与经商、经营者存在较大差异。路边摆摊者与门店经营者对工商经营服务的需求比例最高，都超过了22%。从事集贸市场经营活动的流动人口中，也有超过1/5希望获得工商经营服务。相较而言，务工者对工商经营服务的需求较少，仅有7.67%的务工者希望能够获得工商经营服务。调查数据显示，27.36%的流动人口对北京市政府的服务工作感到非常满意，30.84%感到比较满意，而有26.06%感到北京市政府的服务工作一般。另外，有9.41%的流动人口对北京市政府的服务工作感到不太满意，6.32%感到非常不满意。

三 城乡结合部重点地区治理的对策思路

（一）转变观念，重新认识城乡结合部流动人口聚居区的功能和意义

城乡结合部是大都市特有的城市空间板块，其内部存在大量的流动人口聚居区，本身都是由POET（人口－组织－环境－技术）构成的独特的生态

系统，具有特定的社区功能，即为流动人口提供居住、生活服务的功能社区。

对于城市发展而言，城乡结合部流动人口聚居区具有三方面重要的积极意义。第一个方面，它通过低水平地满足流动人口的居住与生活需要，维持劳动力的再生产，从而持续地、源源不断地为城市供给廉价（低成本）劳动力——它是首都经济社会发展的"城市红利"所系。第二个方面，它是流动人口、外地移民融入城市的跳板。第三个方面，对于当地的失地农民而言，宅基地是其最后的堡垒，通过翻建房屋出租，通过"瓦片经济""租房市场"的洗礼，失地农民转变为职业房东，习得城市经济理性，降低了来自城市文化的冲击。与此同时，他们也以稳定的租房收益为下一代的完全城市化奠定经济基础。这里是他们在城市化进程中缓冲性的生存空间。

（二）创新理念，以"善治"替代"整治"

善治需要观念突破。流动人口聚居区治理是多目标的集合，其根本目的是通过改善生存环境、创造发展机会、提高参与能力，实现不同社会身份群体的和谐共荣。

运用善治理论，创新流动人口聚居区治理，就是要统筹考虑城市发展、城乡结合部当地农民和聚居在此的流动人口的利益和需求，寻找共同利益、寻求公共利益最大化。

善治的前提是善待流动人口，实现三个转变，即从忽视到重视流动人口的住房需求，从漠视到回应流动人口的居住、就业、日常生活、社会支持、社区归属、城市社会融入等多方面的利益诉求，从误解到理解流动人口聚居区问题的根源。

（三）制度与政策创新，积极建设更具包容性的城乡结合部

大都市有关城乡结合部治理、城中村改造以及流动人口聚居区管理的政策制定，需着眼于城乡结合部社区的功能修复，而不是功能破坏，从而使暂居此地的流动人口贫而不困，同时减缓当地农民城市化的阵痛。唯其如此，才能在城市社会剧烈转型、新型城镇化的背景下，充分发挥其积极意义，即

延长低成本劳动力为城市发展带来的红利，孕育城市未来的"中产阶层"，在城市化发展中实现不同社会身份群体的和谐共荣。

参考文献

道格·桑德斯，2012，《落脚城市》，陈信宏译，上海译文出版社。

费孝通，1999，《费孝通文集》（第五卷），群言出版社。

冯晓英，2011，《北京市社会服务管理创新》，社会科学文献出版社。

冯晓英，2008，《当代北京流动人口管理制度变迁研究》，北京出版社。

冯晓英，2007，《由城乡分治走向统筹共治》，中国农业出版社。

洪小良、潘建雷、吴军，2015，《社会组织培育与管理研究——以门头沟区为例》，载北京人口与社会发展研究中心编《北京人口发展研究报告（2014）》，社会科学文献出版社。

廉思，2009，《蚁族：大学毕业生聚居村实录》，广西师范大学出版社。

姚永玲，2010，《北京市城乡结合部管理研究》，中国人民大学出版社。

吴军，2016，《转型社区的治理难题与实践探索》，《社会建设》第 4 期。

吴军，2016，《一种社会组织培育与管理的新型"孵化器"》，载《北京社会治理发展报告（2015~2016）》，社会科学文献出版社。

王雪梅，2015，《流动人口聚居区"整治"还是"善治"？——首都城乡结合部社区治理反思》，《中国名城》第 10 期。

俞可平，2000，《治理与善治》，社会科学文献出版社。

流动儿童公立学校适应状况及家庭影响因素分析

——基于北京市的调查[*]

胡玉萍[**]

摘　要：

本文依据问卷调查数据，分析了流动儿童公立学校适应状况及家庭影响因素。结果表明：流动儿童虽然在公立学校学校认同、人际关系、学业适应方面总体表现良好，但家庭中诸多因素仍影响着流动儿童学校适应。并指出可以通过探索更有针对性的学校日常管理方式，发挥学校和社会支持网络的作用，给予流动儿童补偿性支持，以提高其学校适应性。

关键词：

学校适应　流动儿童　家庭因素

近年来，随着流动人口迁移家庭化日趋明显，大量流动儿童进入城市学习、生活。以北京为例，随着"两个为主"原则的贯彻落实，在京接受义务教育的流动儿童已由 2000 年的 9 万人增长到 2012 年的 58.9 万人，其中义务教育阶段就读公立学校的学生达到 41.7 万人。作为城市二代移民，流动儿童也面临诸多适应和融入问题，学校适应即是其中最为重要的方面。流动儿童实现良好的学校适应，尽快融入城市社会，不仅关系到他们个人的健

---

[*] 基金项目：北京市委党校学科建设项目"公平正义与民生事业建设"。

[**] 胡玉萍，法学博士，北京市委党校社会学教研部、北京人口与社会发展研究中心副教授，硕士生导师，主要从事教育社会学研究。

康成长，而且对我国工业化、城市化的发展以及未来劳动力市场的发育和整个社会的发展都有着至关重要的影响。

一　文献回顾

学术界针对流动儿童研究的文献非常多。随着环境和时间的变迁，流动人口子女的规模和自身需求也在发生很大变化。近年来，对流动人口子女问题的研究已经不再局限于解决他们的受教育权利和机会平等、生存环境改善等问题，学者们开始逐渐关注他们的心理健康、发展需要、家庭社会化环境以及城市融入等问题。目前流动儿童的学校适应作为其城市适应和融合的一个重要方面已引起学者们的广泛关注。

国内学者对流动儿童学校适应的研究主要涉及以下几方面：一是关于学校适应的定义；二是针对流动儿童学校适应状况的研究；三是学校适应测量维度的划分；四是关于流动儿童学校适应的影响因素的研究；五是相关理论研究。其中对流动儿童学校适应影响因素的研究主要涉及流动儿童个体特征、家庭因素、学校因素、制度性排斥和社会融合问题。关于家庭因素的影响，大部分研究认为流动儿童的家庭忽视比较严重，家庭忽视对流动儿童学校适应具有负面影响。比如邓远平、汤舒俊（2010）探讨了流动人口家庭环境对其子女学习适应性的影响，指出相对不良的流动人口家庭环境对子女的学习适应性有不良影响，而要改善他们的学习适应性水平，不但要注重对他们学习方法层面的指导，还要注重建设流动人口家庭环境的独立性、文化性和组织性。与城市本地儿童相比，流动儿童的家庭忽视比较严重。研究得出，城市流动儿童的被忽视程度越高，其学校适应性越低，家庭对流动儿童的忽视对其学校适应具有一定的影响。独生子女家庭比非独生子女家庭流动儿童的适应性高。父母生活质量、生活环境的变化会影响儿童的自我认识和情绪（张枫、王洁、殷兰青、任智红，2003）。关于流动儿童与留守儿童学校适应的比较研究发现，在学习环境、行为习惯、学习方法和人际交往等方面，流动儿童的学校适应情况要优于留守儿童。学习成绩和亲子关系对两类儿童的学校适应都有积极影响，而每天看电视的时间、学校里体验到的相对剥夺感会对两类儿童的学校适应产生消极影响。

可以看出，迄今为止，相关研究已经取得较为丰硕的成果，但仍存在一些不足。一是研究领域虽逐渐广泛，多学科视角也开始介入，但教育学、心理学等微观层次的研究较多，社会学角度的研究相对较少；二是从研究指标和测量工具看，研究缺乏统一规范；三是从研究类型看，目前的研究多以学校适应现象描述为主，政策及对策建议研究不足。

二 研究设计

（一）样本与资料

本调查选取了北京市三所接受流动儿童的公立学校进行调查，其中两所小学，一所初中。本次调查共发放问卷716份，全部回收，有效问卷685份，其中流动儿童585份，北京市户籍学生100份。被调查人数具体分布情况见表1。

表1 被调查对象构成情况

单位：人

	户籍地		合计
	北京户籍	外地户籍	
男	64	347	679[a]
女	35	233	
三年级	6	106	685
四年级	6	121	
五年级	5	123	
六年级	6	118	
初一	38	71	
初二	39	46	

注：a 未回答人数为6。

（二）测量指标

1. 学校适应

公立学校适应性是指流动儿童来城市进入公立学校之后，对学校生活的适应状况。具体来说，随迁子女学校适应是指流动人口的子女进入城市公立学校后在学校态度、社会交往和学业方面不断做出各种适应性调适，从而顺应自身所处的学校环境的过程。要较好地适应城市公立学校，至少需要三个方面的基本条件。一是对学校有归属感和认同感，关心学校动态；二是在学校建构和谐的人际互动关系等；三是在学业方面适应城市学校的教学风格、教育方式等。本文从上述三个维度，即学校认同维度、人际交往维度和学业维度出发，对流动儿童学校适应进行测量。其中，人际交往维度具体包括师生关系和同伴关系，学业维度具体包括学习习惯、学习满意度和学习适应。

2. 研究工具

问卷量表是在参考既有成果基础上编制而成。量表包括四部分，分别考察流动儿童学校适应的学校认同、师生关系、同伴关系和学业适应四个维度。其中师生关系部分参考屈智勇等的量表，学业适应方面借鉴王耘（2001）修订的学业行为问卷，同伴关系部分在邹泓（2003）的孤独感问卷基础上修订而成。最终的调查问卷量表包括 34 个项目，采用 5 点计分，分数越高表明学校适应越好。各维度的 Cronbach's α 值分别为 0.446、0.810、0.867、0.846。

3. 分析方法

用 SPSS17.0 统计软件对问卷调查结果进行多元线性回归分析。

三　调查结果与分析

（一）流动儿童学校适应的内在关系

通过相关分析考察流动儿童学校适应四个指标之间的相关，具体结果见表 2。结果表明，学校认同、师生关系、同伴关系、学业适应之间密切相关，同时说明上述四个指标能够很好地拟合流动儿童的学校适应概况。

（二）流动儿童学校适应状况

调查数据显示，在流动儿童学校适应的各维度项目得分均值中，从高到

表2　流动儿童学校适应各指标之间的相关

	同伴关系	师生关系	学校认同
师生关系	.463 **		
学校认同	.260 **	.350 **	
学业适应	.442 **	.526 **	.372 **

*p<0.05，**p<0.01，***p<0.001。

低依次为师生关系、同伴关系、学业适应和学校认同。而学校总适应得分为
4.0，表明从整体上看，流动儿童公立学校适应状况良好。

表3　流动儿童学校适应状况

学校认同	3.76	师生关系	4.27
同伴关系	3.97	学业适应	3.91
学校总适应		4.00	

（三）流动儿童学校适应家庭影响因素分析

我们将流动儿童学校适应的学校认同、师生关系、同伴关系、学业适应
和学校总适应五个纬度的各指标均值作为因变量，以流动人口子女个人特征
和家庭因素为自变量建立多元回归模型。其中个人特征包括性别、年级、来
京时间；家庭特征包括家庭子女数、母亲受教育程度、家庭环境变动因素
（具体包括搬家次数、转学次数）、家长教育方式（具体指标为父母打骂子
女频度）、家庭教育支持（具体指标为父母检查作业频度）和参与家务劳动
情况（具体指标为在家做家务频度）。

回归结果如下。

第一，在影响流动儿童学校适应的个人和家庭主要因素中，影响程度从
高到低依次为家庭教育方式（父母打骂子女频度）、家庭教育支持（父母检
查作业频度）、年级、搬家次数、性别、来京时间。

第二，在性别方面，流动儿童中，男生学校适应程度整体弱于女生，其
中在师生关系维度最为突出，其次是学业适应。

表 4　随迁子女公立学校适应影响因素的多元回归分析（标准化系数值）

自变量	学校认同	师生关系	同伴关系	学业适应	学校总适应
个体特征					
性别（男生 = 1）	- .067	- .151 ***	- .092 *	- .110 ***	- .139 **
年级					
四年级	- .004	.092	.035	.151 ***	.117 *
五年级	.141 *	.214 ***	.124 *	.098	.171 ***
六年级	.028	.064	.099	.104	.110
初一	- .022	- .074	.052	- .101 **	- .057
初二	- .003	- .049	- .004	- .128 *	- .082
来京时间	- .015	- .104 *	.017	- .030	- .040
家庭特征					
家庭环境变动					
搬家次数	- .093 *	- .043	- .051	- .136 ***	- .112 **
转学次数	.060	.017	.004	- .020	.003
家庭子女数	.046	.065	- .005	.014	.029
母亲受教育程度（以大学为参照）					
小学及以下	- .036	.038	- .024	- .118	- .066
初中	.096	.048	.035	- .005	.031
高中	- .047	.003	.019	- .063	- .033
父母打骂子女频度（以"从来没有"为参照）					
经常	- .098	- .316 ***	- .266 ***	- .293 ***	- .348 ***
偶尔	- .015	- .243 ***	- .161 *	- .222 *	- .243 **
很少	- .027	- .150	- .057	- .201 **	- .168 *
在家做家务频度（以"从来不做"为参照）					
每天都做	.192	.041	.110	.130	.139
很少做	.073	- .023	.105	.062	.072
偶尔做	.128	.050	.124	.102	.125
父母检查作业频度（以"从来没有"为参照）					
每天	- .015	.100	.065	.207 **	.156 *
每周 3 ~ 5 次	- .032	.059	- .007	.060	.041
每周 1 ~ 2 次	- .064	.059	- .025	.049	.028
R^2	.076	.182	.106	.237	.227
F 值	1.747 **	4.765 ***	2.537 ***	6.627 ***	6.275 ***
有效样本量	493				

　* $p < 0.05$　　** $p < 0.01$　　*** $p < 0.001$。

　注：年级以三年级为参照。

第三，在年级方面，流动人口子女的学校适应状态呈倒 U 形，即在五年级时，随迁子女学校适应各维度均值得分达到最高峰，从三年级到五年级呈上升趋势，然后呈下降趋势。

第四，在来京时间方面，流动人口子女的师生关系与来京时间呈负相关，即来京时间越长，师生关系质量反而越差。

第五，搬家次数与学业适应、学校总适应和学校认同呈负相关，即搬家次数越多，学业适应、学校总适应以及学校认同越差。

第六，家庭教育方式与随迁子女学校适应各维度呈负相关，即教育方式越是简单粗暴，则学校适应各维度以及学校总适应越是薄弱。

第七，父母教育支持与随迁子女的学业适应维度呈正相关，即检查作业越是频繁，随迁子女的学业适应越好。

四　讨论

家庭是儿童接受教育最早也是最重要的场所，在我们的研究中，流动人口对其子女学校教育支持较弱是很普遍的现象，且这种支持对流动儿童的学校适应各方面都产生了不利影响。这与已有学者的研究一致。家庭教育支持包括家庭中父母为孩子受教育提供的资金、人力、心灵抚慰等方面的支持。流动儿童的家庭教育支持相对缺乏，具体也表现在这几个方面。

一是家庭经济支持不足。家庭教育理论认为拒绝孩子合理要求，或是不针对实际情况满足孩子一切要求的教育方式，都是家庭经济支持不足的表现，因为孩子没有得到真正适合自己需求、用于发展自身的物资资源。相比于京籍儿童，流动儿童获得的家庭经济支持不足通常表现在父母不能满足孩子的合理需求。一方面，家长忙于工作而忽视随迁子女在经济方面的需求；另一方面，家庭经济窘迫也造成家长不能满足孩子正常的物质需求。在我们的访谈中，有家长就认为孩子住在家里，吃在学校，需要花钱的地方已经解决了，所以他们很少给孩子零花钱，学习资料或是学习用品也都是孩子主动提出才会买。显然，家长最关注的只是子女基本的吃住需求，而较少关心孩子学习上的需求。

二是人力资本相对匮乏。家庭教育的人力资本是指父母自身具备的知识或受教育水平。父母的文化水平与职业不同，对儿童家庭教育的认识与教育方法也不相同。在我们的调查样本中，随迁子女母亲的受教育程度小学及以下学历的占到 24.3%，初中学历占 42.4%，高中及以上学历的占 33.4%。而 2012 年北京常住人口中，女性小学学历的只有 12%，初中学历占 30.5%，高中及以上学历占 57.5%。流动儿童父母的整体受教育水平偏低，他们能够获得的学习资源或者学习信息有限，有些家长没有能力在孩子学业上给予有效帮助。此外，流动人口工作不稳定，工作时间不固定，也很难做到对孩子学业上的持续关注和指导。调查中老师们较为普遍的反映就是流动人口家长基本上对孩子的学习帮不上什么忙，孩子被全权交给了学校。

三是对孩子的成长关心不够，忽视心灵慰藉。许多学者从社会融合视角分析流动儿童的学校适应，认为流动人口在城市中的工作不稳定，孩子也常跟随父母在城市间辗转流动，孩子在教育上缺乏稳定性，对周围环境缺乏归宿感和安全感，这会影响他们的同伴群体关系。我们的调查也证实，随迁子女搬家次数对他们的学业适应和学校总适应有显著影响，搬家次数越多，学业适应越不良，学校总适应也越差。一方面，有些随迁子女从小生活在农村，与父母比较生疏，进入城市生活后父母忙于生计无暇与孩子交流沟通。另一方面，随迁子女家庭生活极不稳定，孩子跟随父母不断变换生活环境，以往建立的社会关系网被破坏，他们没有一个稳定的同伴群体，常常会感到孤独。然而很少有家长会注意到给予孩子情感上的慰藉。随迁子女要适应不断转换的生活和学习环境，容易产生孤独感、不安感等负面情绪，如果得不到父母的关爱和家庭的支持，这种负面情绪就会累积，产生对周围人群的排斥和对环境的不适应。

五　建议

流动儿童家庭方面的支持不足也使我们更加重视学校和社会支持网络在流动儿童的学校适应和城市融入方面的作为。因为学校和社会不仅要担负起自身在促进流动儿童学校适应方面的责任，而且要尽可能弥补来自家庭的不足。针对流动儿童家庭支持的不足，至少应该在以下方面体现针对流动儿童补偿性的干预措施。

首先，采取更加灵活的流动儿童公立学校教育管理形式。针对流动人口群体的特殊状况，接受流动儿童的公立学校应该采取更为灵活的管理形式。一是允许流动人口子女随时插班就读，提供早到学生的管理、延长课后管理时间等，创造更加灵活的流动儿童就读方式，减少学校管理的规章制度对流动儿童入学造成的影响。二是有条件的学校可以对流动儿童实行寄宿制管理。一方面可以为流动儿童提供更好的学习环境和条件，弥补流动人口家长对子女教育的力不从心和社区环境对流动儿童学校适应的不良影响；另一方面，可以减少学生频繁流动对学校教学和管理带来的困难。三是针对流动人口群体家庭经济条件有限的情况，允许流动儿童自愿订购校服和自愿参加需交费的集体活动，也可实行分期缴费。四是在学校评价上增加多样性和灵活性，针对流动儿童学习基础比较薄弱、学习习惯较差，文化差异如语言差异对学习的影响需要一个过程的情况，应探索更加灵活的学校评价标准，鼓励流动儿童积极参与到学校的学习和日常活动中去。总之，可以通过探索更有针对性的学校日常管理方式为流动儿童的就读和学校适应提供更为宽松的学校环境。

其次，发挥学校和社会支持网络作用，给予流动人口子女补偿性支持。针对流动儿童特点，探索各种形式的学校和社会支持方式是非常有必要的。流动人口生活环境和教育方式造就了流动儿童群体存在自身特点：一方面，他们朴实、吃苦耐劳、独立性较强；另一方面，他们知识面有限，自信心、表达能力不足，生活和学习习惯不良。从学校层面来看，除了日常教学和管理中要体现出对流动儿童的针对性外，还可以通过组建各种学生组织和举办各类活动，让流动儿童在参与集体活动的过程中增进相互了解、发现自身的长处，使他们在活动中体验成功、增强自信。从社会层面来看，在流动儿童的学校生活中应引入各类社会组织和志愿者，如可以组织针对流动人口子女的集体辅导，也可以是一帮一的辅导，应采取多种帮扶形式，发挥社会支持网络的作用。此外，还要发挥社区在流动儿童学校适应和城市融入方面的支持作用，例如提供贴近流动人口需要的社区服务和社区活动，促进流动儿童和家庭的社区参与，增加其与城市儿童的交流沟通，降低社会对流动人口的排斥，促进流动人口及其子女的城市适应和文化融合。

儿童是祖国的未来，进入城市的流动儿童也将是一个城市的未来。流动儿童接受良好的教育，并尽快融入城市社会，不仅有利于流动人口素质的提升，更关系未来整个城市居民的素质。正因为如此，必须从整个社会的城市化发展和城市的现代化角度认识和解决流动人口子女学校适应性问题。

参考文献

邓远平、汤舒俊，2010，《流动人口家庭环境对其子女学习适应性的影响》，《西南交通大学学报》（社会科学版）第 11 期。

彭镁、易群、李珊，2010，《家庭环境与流动儿童的边缘化问题》，《教育与教学研究》第 24 期。

谭千保、于慧，2010，《城市流动儿童的被忽视与学校适应的关系》，《教育与教学研究》第 24 期。

王耘，2001，《小学生师生关系的特点及其与小学生心理发展的关系研究》，博士论文，北京师范大学。

张枫、王洁、殷兰青、任智红，2003，《无锡市区部分流动儿童生活质量分析》，《中国儿童保健杂志》第 10 期。

邹泓，2003，《青少年的同伴关系：发展特点、功能及其影响因素》，北京师范大学出版社。

邹泓、屈智勇、叶苑，2007，《中小学生的师生关系与其学校适应》，《心理发展与教育》第 4 期。

第三编　京津冀协同发展研究

走出京津冀城市群人口极化困境的三点建议 *

尹德挺 **

摘　要：

　　世界级城市群的孵化需要发挥人口聚集的规模效应，也需要重视人口分布的空间优化。在向世界级城市群演变的过程中，京津冀城市群亟须走出人口极化困境，破解"既不够多点聚集，又不够连片分散"的双重矛盾，实现产业空间结构的优化调整。作为发展最早、规模最大的世界级城市群，美国东北部城市群"一核、多极、连片、三疏解"的发展经验具有重要借鉴意义。

　　2015 年出台的《京津冀协同发展规划纲要》将京津冀协同发展上升至国家战略层面，并要求建立以首都为核心的世界级城市群。当前，京津冀地区经济总量仅占全国的 10.2%，

---

　*　本文为北京市社科基金重点项目（15SHA009）的阶段性成果。

　**　尹德挺，中共北京市委党校（北京行政学院）社会学教研部副主任、教授。

人口占全国的 8.2%，而同为首都城市群的美国东北部城市群，其经济总量和人口总量均占美国的 22% 左右，其孵化经验值得借鉴。本文选择美国东北部城市群作为分析对象，探讨了典型世界级城市群人口空间协作经验对京津冀统筹规模、空间、产业三大结构的启示。

关键词：

京津冀　城市群　城市人口规模

一　2015 年北京市中心城人口聚集仍在极化

从整个京津冀来看，北京市中心城在京津冀的人口占比持续上升，由 1980 年的 6% 增至 2015 年的 14% 左右，而中心城在北京市的人口占比也由 1980 年的 45% 升至 2015 年的 71%，尚未迎来下降拐点，这在一定程度上束缚了京津冀城市群的孵化。

在 1800 年至 2015 年的 200 多年时间里，美国东北部城市群中的"一核"纽约城，其人口占比经历了"先升后降"的过程，拐点出现在 20 世纪 40 年代，此时纽约城在美国东北部城市群的人口占比为 18%，纽约城在纽约州的人口占比为 55%。这一拐点发生在美国城市化率接近 60% 之时，当时纽约城的总部经济开始向外围转移，城市群的公共服务全面改善，带动了郊区制造业、商业服务业的发展及人口的扩散。2015 年，我国城市化率已达 56%，而且北京市正在推进非首都功能的疏解，这给北京市中心城人口拐点的出现创造了有利的外部条件。

二　京津冀"一核两极"格局被打破，多极协作、错位发展体系尚未形成

总体来看，2000 年至 2014 年京津冀的经济重心和人口重心均持续向北京市方向逼近。原有的"一核"（北京）、"双极"（天津市、保定市）的城

市群格局被打破，目前已倒退至京津"一核一极"、保定市丧失原来"两极"之一地位的被动局面，区域发展的整体活力遭遇困境。2000年，保定市和天津市是北京之外的两大人口聚集地（分别占京津冀人口的12%和11%），而到了2014年，人口占比超过10%的城市仅有北京市和天津市，保定市的人口占比已经低于10%。同时，人口流动也在持续强化京津冀"一核一极"的趋势。在转变过程中，从2000年至2014年，京津冀地区62%的新增人口集中于京津两市，其中北京市的绝对中心地位尤其稳定，接近40%的新增人口集中在北京市。具体来看，当前京津冀城市群人口的空间结构现状不利于区域协调发展，而人口空间流动的惯性也使京津冀城市群空间协作的实现受到阻碍。首先，京津冀内部人口流动加剧向两个区域增长极聚集。北京市一直是区域内人口流入的主要集中地，同时北京市和河北省户籍人口流动至天津的比例也有所增加，天津成为区域内人口流入的次极。其次，京津冀外部流入人口同样加速向两个区域增长极聚集。这一群体人口规模持续增加，而北京市一直是外部流入人口的主要聚集地，天津是外部流入人口的次要聚集地。从人口流动趋势看，天津的人口吸引力在逐渐上升，而河北省对外流入人口的吸引力逐步下降，这样的趋势共同推动京津冀外部人口流入两极化格局的形成。

在美国东北部城市群，多极协作、错位发展则是此城市群得以迅速崛起的关键。其多极之间分工明确，如纽约城为金融中心，华盛顿特区为政治中心，波士顿为文化中心，费城为工业中心，巴尔的摩为贸易中心，这五个城市的人口总量占美国东北部城市群的比例还曾高达28%，形成了五城联动、错位发展的"一核多极"功能格局。

三 京津冀陷入"既不够聚集，又不够分散"的双重困境

"不聚集"体现在区县层面的多点聚集不足。京津冀人口高度聚集型区县仅有14个，其中11个聚集在北京市，3个聚集在天津市，京津之外缺少人口高度聚集型区县。然而，在区县数量与京津冀差异不大的美国东北部

城市群，其高度聚集型区县多达 40 个。

"不分散"体现在城市层面的连片分散不足。京津冀高度聚集型的城市区域只有京津 2 片，而美国东北部城市群则形成了包括纽约城在内的 5 个城市、4 个区域的连片发展，"连片带状聚集"特征带动了城市群的发育。因此，京津冀城市群在提升区县人口多点聚集程度的同时，还应增加城市人口的连片分散程度，实现人口空间结构的内部协调。

四 北京市制造业、信息传输业、租赁和商务服务业占比过高，公共服务业明显不足

通过对 2014 年北京市和纽约州行业结构的横向比较发现，第一，北京市三个行业的就业占比明显高于纽约州：制造业、信息传输业、租赁和商务服务业，三者合计北京市为 33.6%，而纽约州仅为 8.1%。第二，北京市两个行业的就业占比明显低于纽约州：公共管理、社会保障和社会组织业，卫生和社会工作业。其中，北京市卫生和社会工作业就业占比仅为 2.7%，比纽约州低 11 个百分点。

通过对纽约州 1970 年至 2014 年产业数据的纵向比较，纽约州产业"三疏解"的经验值得北京市借鉴：在纽约州，制造业中的服装、化工、机械和电子设备制造等行业的就业下降超过制造业总下降量的 50%；信息传输业中的出版业（非网络）和信息中介行业就业规模下降较快；租赁和商务服务业中的租赁业下降也较快。

从北京市当前就业占比来看，制造业接近 13%，租赁和商业服务业接近 13%，建筑业、交通运输业二者合计接近 13%，而其他公共服务类行业发展相对不足。因此，强化首都文化、科技等核心资源的空间聚集优势，转移服装、化工、机械和电子设备制造、传统出版和信息中介、租赁等行业到非核心区域，既可缓解产业过度集聚的局面，又有助于增强城市的发展活力。

总之，世界级城市群的发展虽有差异，但其共性更有价值。美国东北部城市群 200 多年发展历程所体现的"一核、多极、连片"的规律性特点值

得京津冀借鉴。未来，京津冀城市群的孵化亟待在以下三个方面着重推进。

第一，拉齐北京市周边城市群的公共服务水平，是破解北京市中心城"人口规模困局"的关键因素。对于北京市中心城人口拐点的出现，目前已经具备了良好的外部环境，但更需依赖于北京市周边城市的迅速崛起，特别是城市建设品位、文化氛围的一体化，这也是阻碍各类生产要素市场化转移的核心要素。从现实情况来看，目前由于京津冀三地财政支出状况存在显著的差异，三地在公共服务、基础设施以及人才交流环境等方面均存在明显落差。例如，测量不均等状况的泰尔指数显示，从 1984 年至 2013 年，京津冀的这一指数虽有波动，但并未发生实质性变化。再如，在 2014 年人均财政总支出、人均公共服务支出、人均教育支出及人均医疗支出等指标上，北京市分别是河北省的 3.3 倍、2.0 倍、2.8 倍及 2.5 倍。这样的财政支出状况进一步束缚了京津冀服务协同和文化协同的步伐。京津冀的人口流动，特别是人才流动，需要着力拉齐公共服务水平，强化京津冀区域本土文化凝聚力，重点解决好人才流动后的心理落差、享有落差、环境落差及机会落差等现实问题。

第二，谋划北京周边城市群的错位发展，是破解京津冀城市群"人口分布困局"的关键因素。在《京津冀协同发展规划纲要》"一核、双城、三轴、四区、多节点"空间布局的宏观指导下，目前"一核"北京市的主要任务在于优化首都人口与经济发展质量；"双城"北京市和天津市未来应主要致力于强化金融创新等方面的组团效应和协作效应；而"三轴、四区、多节点"则是打通京津冀人口流动之关键：既要更为关注"三轴"中"北京—保定—石家庄"传统发展轴及"北京—唐山—秦皇岛"东部沿海发展轴的发展，又要以冬奥会为重要抓手，推动"四区"中以张家口、承德等地为核心的西北部生态涵养区发展。从美国东北部城市群"五城协作"的历史经验可知，未来京津冀需要打造的空间架构应是多个节点城市的多点支撑和联动发展。例如，打造以张家口、承德等为代表的生态文明城市，以保定、廊坊等为代表的创新先行城市，以及以秦皇岛、唐山等为代表的现代产业示范城市等。

第三，加强城市治理体制机制的全方位创新，是破解北京市"产业疏解困局"的关键因素。北京市需要更好地运用规划、市场化、法治化等手段加强城市综合调控，在规划中谋布局，从管理中要效益，在城市管理精细化的过程中实现低端产业向外疏解。一方面，要注重城市总体规划对人口总量上限、生态红线和城市开发边界的控制，重点解决城市功能超载、城市开发强度过大等根源性问题。在规划层面，需要对不同发展阶段的城市 GDP增速、开发强度以及公共服务均等程度等提出合理的约束性指标，避免产业疏解目标的短期化和短视化；在管理上，需要进一步提升政策合力，强化产业政策衔接，增强部门之间和区域之间的产业协同。目前，北京市对于背街小巷、"开墙打洞"经营等方面的治理还需要进一步在体制机制及整合上下功夫，相关部门亟须建立以诚信体系为抓手、以联合信用为惩戒措施的管理体系。另一方面，在人口与产业疏解方面，北京市应尽快改变执法部门在一定程度上面临的执法政策法规"真空"等问题。例如，目前对地下空间的使用管理缺乏明确的法律法规规定，地下空间产权关系的复杂性造成管理主体和执法主体不清，从而导致对地下空间的管理与监督不到位；再如，出租房屋管理制度建设相对滞后，特别是治安、安全管理的规定较为滞后，出租房主履责不到位。这些问题的解决亟待与城市治理能力现代化、城市管理精细化结合起来，亟待将个人、企业的行为与其诚信挂钩，进而与其享有的福利和优惠政策挂钩，最终形成管理上的良性闭环。

参考文献

邓丽君、张平宇、李平，2010，《中国十大城市群人口与经济发展平衡性分析》，《中国科学院大学学报》第 2 期。

范晓莉、黄凌翔，2015，《京津冀城市群城市规模分布特征》，《干旱区资源与环境》第9 期。

京津冀协同发展视域下的
三地婚育模式研究*

马小红　王 慧**

摘　要：

京津冀协同发展是我国政府做出的重大战略决策。三地婚育行为的特征与差异研究对京津冀地区人口总量和结构的预测有重要意义。本文基于中国妇女社会地位调查 1990 年、2000 年和 2010 年三期数据，对京津冀三地婚育行为进行了比较研究。研究发现，在结婚行为上，京津冀三地传统模式仍是主流，但现代性日益增加，北京现代性更趋显著；在生育行为上，三地均深受发展和政策的双重影响，人口转变程度呈现明显的北京、天津和河北的梯度效应。在此基础上，文章对京津冀协同战略的实施对三地婚育行为的影响进行了讨论。

关键词：

结婚行为　生育行为　京津冀比较　婚育模式

一　研究背景

京津冀协同发展是以习近平总书记为核心的党中央做出的重大战略决

---

* 本研究数据来源于全国妇联和国家统计局组织的"中国妇女社会地位调查"，在此对数据提供方全国妇联妇女研究所表示感谢。

** 马小红，北京市委党校社会学教研部副主任、副教授；王慧，北京市委党校社会学教研部硕士研究生。

策。李克强总理在 2014 年 3 月 5 日所做的政府工作报告中指出，要加强环渤海及京津冀地区经济协作，可见京津冀一体化的重点在于经济一体化。而经济社会发展的主体是人，人口是区域协同发展的宝贵资源和决定性因素（魏进平等，2014），因此了解京津冀人口特征是京津冀协同发展的基础。婚育行为作为人口再生产的必要环节，对京津冀地区未来人口的总量和结构的预测有重大意义。

在现有的文献中，针对京津冀三地的比较研究，主要集中在人口流动迁移、人口容量、人口密度等研究领域，研究对象集中在流动人口和劳动力人口（李培、邓慧，2007；叶裕民等，2008；孟庆华，2014；孙铁山等，2009），目前还缺乏对三地婚育行为的比较研究。本文试图利用全国性的调查数据，对京津冀三地的婚育行为进行比较，结合京津冀协同发展战略，对未来京津冀人口发展趋势进行判断，以期为政策制定提供决策参考。

本文主要采用全国妇女联合会与国家统计局合作开展的 2010 年第三期中国妇女社会地位调查数据，在变迁研究中还采用了 1990 年和 2000 年进行的第一期和第二期数据。

婚育行为研究一般包括结婚和生育两个方面，也有一些学者从择偶、结婚和生育三个维度进行研究（胡莹等，2013；宋月萍、段成荣等，2012）。受调查数据限制，本文拟从结婚和生育两个维度对京津冀三地婚育行为展开描述。在结婚行为方面，从初婚年龄、夫妻年龄差、夫妇受教育程度、婚前经济条件以及婚后与原生家庭经济互动五个方面进行比较；在生育行为方面，从婚育间隔、初育年龄、平均子女数三个方面进行比较。

由于未婚人群不回答婚育方面的问题，本文的分析对象是京津冀三地 18~64 周岁已婚（包括离异和丧偶）的户籍人口。1990 年第一期中国妇女地位调查只有北京和河北的数据，样本量分别为 304 人和 1965 人；2000 年第二期调查的北京、天津和河北的样本量分别为 183 人、125 人和 1341 人；2010 年第三期调查的情况是北京 833 人、天津 647 人、河北 1106 人。样本的基本情况请见表 1。

表1 1990 年、2000 年和 2010 年样本基本情况

单位：%

		1990		2000			2010		
		北京	河北	北京	天津	河北	北京	天津	河北
样本量		304 人	1965 人	183 人	125 人	1341 人	833 人	647 人	1106 人
性别结构	男	47.04	48.45	44.81	54.40	50.26	46.94	49.15	48.92
	女	52.96	51.55	55.19	45.60	49.74	53.06	50.85	51.09
婚姻状况	已婚	95.39	96.13	93.44	96.80	97.91	93.40	93.35	93.94
	离婚	1.64	0.76	2.19	0.80	0.89	4.20	3.55	1.90
	丧偶	2.96	3.10	4.37	2.40	1.19	2.40	3.09	4.16
年龄结构	18~29 岁	15.08	22.90	8.24	7.14	13.21	7.80	8.50	13.20
	30~39 岁	38.36	38.27	35.72	34.13	38.36	18.73	21.33	24.50
	40~49 岁	20.32	20.97	25.82	40.47	31.25	25.57	28.90	28.48
	50~59 岁	17.05	13.02	19.78	12.70	14.33	34.45	30.76	25.50
	60~64 岁	9.18	4.73	10.44	5.56	2.99	13.45	10.51	8.32
受教育程度	不识字或识字很少	9.18	14.09	0.54	1.60	7.38	1.08	2.01	6.06
	小学	21.47	35.41	7.07	17.60	30.57	5.88	11.59	15.10
	初中	35.77	31.69	45.11	35.20	39.75	35.05	34.78	38.88
	高中	16.31	14.50	20.11	23.20	16.33	22.57	21.17	16.73
	中专/中技	6.86	2.24	8.70	9.60	2.31	11.40	11.59	6.51
	大学专科	5.53	1.28	11.96	8.80	2.68	12.36	12.06	10.22
	大学本科及以上	4.91	0.79	6.52	4.00	0.97	11.64	6.80	6.51

二 结婚行为比较

（一）初婚年龄

初婚年龄是指第一次结婚时的年龄。本文用平均初婚年龄作为京津冀三地初婚年龄的分析指标。

结果显示（参见图 1），京津冀三地平均初婚年龄差异明显，北京最高，天津居中，河北最低。纵向比较，三地女性平均初婚年龄均明显推迟。分性

别看，2010 年，京津冀男性初婚年龄呈现等差数列，分别相差接近 1 岁，分别为 26.22 岁、25.26 岁和 24.32 岁；女性初婚年龄京津非常接近，分别为 24.17 岁和 24.44 岁，显著高于河北的 22.86 岁。纵向看，1990~2010 年北京和河北男性初婚年龄变化不大，北京保持在 26 岁附近，河北在 24 岁左右；女性初婚年龄则提高显著，北京从 1990 年的 22.05 岁提高到 24.17 岁，河北则从 20.13 岁提高到 22.86 岁。由于缺乏 1990 年数据，我们观察到，2000~2010 年，天津男性初婚年龄小幅上扬；而女性初婚年龄由 22.15 岁提高到 24.44 岁，提高明显（参见图 1）。数据显示出京津冀三地户籍人口，尤其是女性人口倾向晚婚的共同趋势。

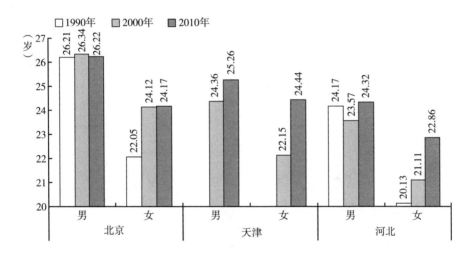

图 1　1990 年、2000 年、2010 年分性别的平均初婚年龄变化

（二）夫妻年龄差

年龄是人的基本特征之一，也是适婚青年在婚配过程中需要考虑的核心因素。夫妻年龄差是指夫妻之间的年龄差距，是婚姻的重要特质之一。特定时期和地区的夫妇年龄差具有一定的稳定性，并与当时当地的经济社会和文化背景紧密相连（刘爽、李海燕，2014；风笑天，2015）。平均年龄差可以用来比较不同地区择偶时夫妻双方年龄的差距，其计算公式为：

$$平均年龄差 = \sum (丈夫的年龄 - 妻子的年龄) / 夫妻对数$$

从地域总体上看，当平均年龄差大于 0 时，表示该地丈夫的年龄高于妻子，等于 0 表示两者年龄相同，小于 0 表示妻子的年龄高。取值的绝对值越大表明年龄的差距越大。传统择偶观念里男性年龄普遍高于女性。

研究显示，京津冀三地丈夫平均年龄都高于妻子，北京差距最大，天津与河北趋同。纵向比较，河北年龄差减小幅度明显。2010 年，北京、天津和河北的平均年龄差分别为 1.71 年、1.15 年、1.14 年，表明三地丈夫的年龄均高于妻子。其中北京的年龄差距最大，河北和天津的差异较小。纵向看，1990～2010 年，北京夫妻平均年龄差变化不大，维持在 1.8 岁左右，河北减少显著，从 1.43 岁降到 1.14 岁，天津 2000～2010 年从 1.21 岁降到 1.15 岁，降幅不大（参见图 2）。

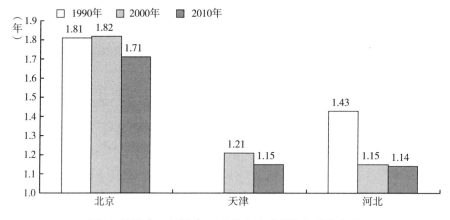

图 2 1990 年、2000 年、2010 年夫妻平均年龄差变动

（三）夫妇受教育程度

受教育程度与职业、收入等有较高的相关关系，因此对夫妇在家庭中的地位产生影响，进而影响双方在家庭中的决策权，所以研究婚姻中夫妻受教育程度差异有重要意义（黄潇，2011；张翼，2014）。本文用平均受教育年限差的指标，即夫妻受教育年数的差来反映夫妻间受教育程度的差异。计算公式为：

平均受教育年限差 $= \sum ($丈夫受教育年数 $-$ 妻子受教育年数$) /$ 夫妻对数

当平均受教育年限差大于 0 时，表示总体上该地丈夫的受教育程度高于妻子，等于 0 表示两者受教育程度相同，小于 0 表示妻子的受教育程度高。取值绝对值越大表明受教育程度的差距越大。

研究显示，京津冀三地丈夫平均受教育程度都高于妻子，北京差距最小，天津居中，河北最大。纵向看，三地差距都在缩小。2010 年，京津冀三地平均受教育年限差分别为 0.43 年、0.55 年、1.03 年，均大于 0，显示出在文化程度上男高女低的传统模式依然是主流。纵向看，1990～2010 年，北京和河北夫妻受教育程度差异在缩小，北京缩小了 0.57 年，河北缩小了 0.86 年，天津 2000～2010 年，受教育程度差也减少了 0.22 年（参见图 3）。这一现象反映出北京在夫妇受教育方面更加趋同，也表明三地男女受教育程度差异缩小的共同趋势。

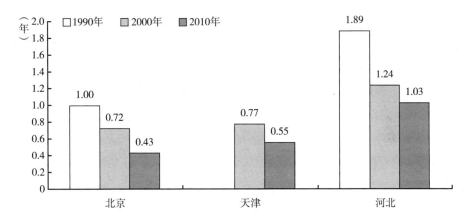

图 3　1990 年、2000 年、2010 年夫妻平均受教育年限差变化

（四）婚前经济条件

研究婚前经济条件是为了粗略分析夫妻双方婚前各自家庭的经济状况。中国妇女社会地位调查只有 2010 年第三期数据调查了该问题。问题为"结婚前双方家庭条件相比，谁家的经济条件更好？"有四个选择，分别为"男方家好""女方家好""两家差不多""说不清或不回答"。

研究显示，京津冀三地夫妻均倾向于选择婚前双方家庭经济条件相当的家庭，但三地被访者均呈现女方经济条件高于男方的现象。京津冀三地夫妻婚前两家经济条件差不多的占比最大，北京为 61.0%、天津为 71.1%、河北为 67.3%，占比均高于 60%，其中天津高于 70%，说明三地的婚前家庭经济条件相差不大是人们择偶的最主要选择之一。值得注意的是，京津冀选择婚前女方家经济条件优于男方家的比例均高于男方家优于女方家（参见表 2）。分性别研究显示，男性被访者和女性被访者在该问题上的回答差别不大，排除调查者性别对结果的影响（参见表 3）。

表 2   2010 年京津冀三地夫妻婚前家庭经济情况

单位：%

婚前家庭经济	北京	天津	河北
男方家好	16.2	13.8	14.0
女方家好	21.8	14.7	18.6
两家差不多	61.0	71.1	67.3
说不清或不回答	1.0	0.5	0.1

表 3   2010 年京津冀三地夫妻婚前家庭经济情况（分性别）

单位：%

婚前家庭经济	北京		天津		河北	
	男	女	男	女	男	女
男方家好	16.97	15.61	13.52	13.98	14.1	13.98
女方家好	20.82	22.62	14.15	15.2	19.85	17.35
两家差不多	61.95	60.18	72.01	70.21	65.86	68.67
说不清或不回答	0.26	1.58	0.31	0.61	0.19	0

（五）婚后与原生家庭经济互动

原生家庭为心理学概念，指的是人们出生和成长的家庭。婚后与原生家庭的经济互动，在某种程度上反映了两代家庭的紧密程度。夫妻婚后与原生家庭经济往来情况能粗略地反映这种紧密程度。中国妇女社会地位调查只有第三期数据调查了该问题。问题是"结婚后你们与哪一方家庭的经济往来更多?"有四项选择,分别为"男方家多""女方家多""两家差不多""两家都没有"。本文将与一方经济往来多称为有倾向的经济互动,两家往来差不多称为双向均衡经济互动。

研究显示,京津冀三地夫妻家庭更倾向于与原生家庭双向均衡经济互动,同时北京与双方有倾向的经济互动更为平均,天津和河北趋同,与男方家经济互动更多。总体上看,京津冀三地与男女双方家庭经济往来差不多占比最大,分别为 53.0%、68.3% 和 58.8%,均高于 50%,其中天津接近70%,说明三地夫妻更倾向于与双方家庭保持差不多的经济往来。此外,北京与男方家来往多和与女方家来往多的占比接近 1:1,更为均衡,与原生家庭无经济互动占比也高于河北和天津,为 9.1%。天津和河北更倾向于与男方家庭有较多的经济互动,差异均在 9.0 个百分点左右。这一现象反映了北京更具现代性,而天津与河北更具传统的婚姻模式(参见表 4)。分性别研究显示,男性被访者和女性被访者在该问题上的回答差别不大,可以排除调查者性别对结果的影响(参见表 5)。

表 4 2010 年京津冀三地夫妻婚后与原生家庭经济往来情况

单位:%

婚后经济往来	北京	天津	河北
男方家多	19.1	17.2	21.3
女方家多	18.9	8.2	12.8
两家差不多	53.0	68.3	58.8
两家都没有	9.1	6.3	7.2

表 5 2010 年京津冀三地夫妻婚后与原生家庭经济往来情况(分性别)

单位:%

婚后经济往来	北京		天津		河北	
	男	女	男	女	男	女
男方家多	20.73	17.69	17.92	16.41	19.11	23.36
女方家多	18.13	19.50	6.92	9.42	12.24	13.27
两家差不多	53.11	52.83	69.50	67.17	60.48	57.17
两家都没有	8.03	9.98	5.66	6.99	8.16	6.19

三 生育行为比较

（一）婚育间隔

婚育间隔是指妇女初婚与初育的时间间隔。本文用平均婚育间隔来比较京津冀三地的婚育间隔。计算公式如下：

$$平均婚育间隔 = \sum（女性初育年龄 - 女性初婚年龄）/ 总人数$$

当平均婚育间隔大于 0 时，表示总体上该地女性先结婚后生育，小于 0 表示总体上该地女性先生育后结婚，取值的绝对值越大表明婚育间隔越大。

研究显示，京津冀三地平均婚育间隔均高于 1 年，北京婚育间隔最大。2010 年京津冀平均婚育间隔分别为 1.42 年、1.24 年、1.41 年。北京的婚育间隔最大，河北次之且与北京差异不大，天津最小，相差为 1.24 年。纵向看，1990～2010 年北京和河北的平均婚育间隔上升明显，北京从 1990 年的 1.08 年上升到 2010 年的 1.42 年，河北从 1990 年的 1.07 年上升到 1.41 年，反映了结婚与初育间隔增大现象。天津的婚育间隔最小，2000 年为 1.26 年，2010 年为 1.24 年，10 年间天津的平均婚育间隔没有明显变化，其原因需要进一步研究（参见图 4）。

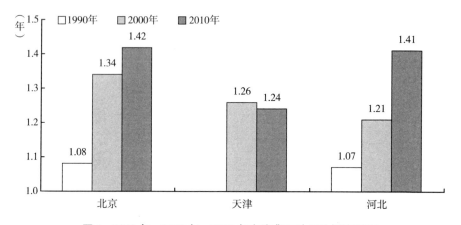

图 4 1990 年、2000 年、2010 年京津冀三地平均婚育间隔

（二）初育年龄

初育年龄是指第一次生育时女性的年龄。本文用平均初育年龄作为京津冀三地初育年龄的分析指标。

研究显示，京津冀三地平均初育年龄均高于法定的晚育年龄（24 岁）。纵向看，三地的初育年龄均显著提高。2010 年的平均初育年龄，北京、天津和河北分别为26.22 岁、25.48 岁和24.32 岁，北京的平均初育年龄最高，天津次之，河北最低。北京与天津的平均初育年龄差为0.74 岁，天津与河北的差为1.16 岁。河北的初育年龄与京津地区的差异大于北京和天津的差异，反映了河北较天津和北京更倾向于早育。纵向看，近 20 年北京和河北平均初育年龄不断升高，均涨了近 3 岁，天津在 10 年间也提高了 2 岁，反映了女性初育年龄不断升高的整体趋势（参见图5）。

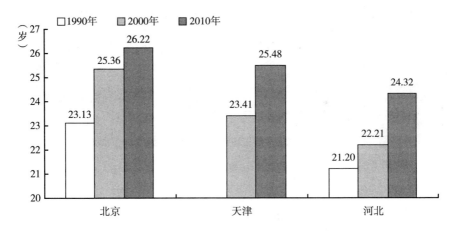

图5　1990 年、2000 年、2010 年女性平均初育年龄变动

（三）平均子女数

子女数是指调查时点被访者已有的子女个数。本文用平均子女数来比较京津冀三地的子女数量。

研究显示，京津冀三地平均子女数京津趋同，河北最高。2010 年京津冀平均子女数分别为 1.17 个、1.21 个、1.60 个。纵向看，近 20 年京津冀三地的平均子女数在逐渐减少。北京从 1990 年的 1.82 个下降到 2010 年的 1.17 个，下降了 0.65 个；河北从 1990 年的 2.22 个下降到 1.60 个，下降了 0.62 个。天津 2000～2010 年的下降幅度和水平接近于北京，下降了 0.15 个，2010 年在 1.2 个左右（参见图 6）。这一现象与计划生育政策有关，因为 1980 年后北京和天津执行的是严格的一孩政策，而河北广大农村地区为一孩半和二孩政策。尽管如此，不难看出到 2010 年三地的平均子女数都不高，均低于更替水平。河北在 1990 年的人口优势到 2010 年已经消失了。河北一直以来都源源不断地为北京和天津提供劳动力人口，但是未来京津冀一体化过程中，也需要考虑河北劳动力供给不足的情况。

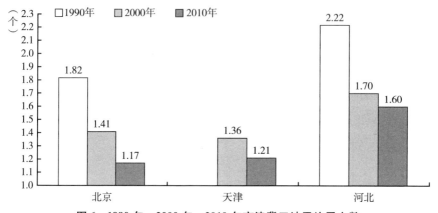

图 6　1990 年、2000 年、2010 年京津冀三地平均子女数

四　结论与讨论

（一）主要结论

综合以上分析结果可以看出，京津冀三地在结婚和生育行为方面体现出以下特征。

1. 在结婚行为上，京津冀三地传统模式仍是主流

京津冀三地丈夫年龄都高于妻子，符合传统的男大女小模式；在受教育程度上也呈现男高女低的传统模式；在婚后与原生家庭的经济互动方

面，呈现与男方原生家庭更多互动的传统模式，尤其是天津与河北更为明显。可以看出，中国传统的婚配模式在京津冀仍是主流，没有发生根本变化。

2. 三地婚姻行为现代性日益增加，北京的现代性更趋显著

研究显示，随着经济社会的发展，三地的婚姻模式中的现代性日益增强，表现为初婚年龄尤其是女性初婚年龄明显推迟；男女双方婚前经济条件基本持平，三地都出现婚前女方家庭经济条件好于男方的趋势。尤其是北京，现代性更为显著，表现为男女双方的受教育年限差距更小，显示了女性受教育机会的不断上升，婚后与双方原生家庭的经济互动也更为均衡。

3. 三地妇女生育行为深受发展和政策的双重影响，人口转变程度呈现明显的北京、天津和河北的梯度效应

在初育年龄、生育子女数上均体现了上述梯度效应；在婚育间隔上，北京和河北增长趋势明显，天津反常，仍需要进一步探究。

（二）讨论

1. 北京现在的婚育模式是天津的发展方向，而天津的婚育模式是河北的发展方向

京津冀三地经济社会发展水平代表中国三类情况，毫不夸张地说代表的是三个不同的"世界"，呈现由低到高的经济发展层次。经济社会发展对婚育行为产生很大的影响，我们可以将河北、天津和北京看成是婚育行为变化的初级、中级和高级阶段。通过对三地婚育行为的研究，当经济社会发展水平较低时，人们倾向于传统的婚育模式，即"早婚早育"（育指的是结婚与初育的间隔）。随着经济发展，最开始初婚年龄升高，由于生育观念并未发生重大的改变，婚后人们很快选择生育，此时婚育间隔较小，表现为"晚婚早育"。当经济继续发展，初婚年龄提高，而此时人们的生育观念也发生改变，婚后人们不会很快生育，婚育间隔提高，表现为"晚婚晚育"。所以未来的河北婚育行为更可能表现为天津目前的婚育模式，而天津则会向北京目前的婚育模式发展。

2. 流动到北京和天津的河北人，经济一体化后返回河北，将对河北的婚育行为产生影响

由于河北省社会发展水平在三地中最差，加之政府的政策导向，北京和天津源源不断地吸纳河北的资源和劳动力。而在京津冀一体化的今天，河北去往北京和天津的流动人口返回故乡的可能性比较高。这些人在经济社会发展较好的北京和天津工作学习，会受到现代婚育观念的影响，更有可能采取晚婚晚育的模式。那么河北未来婚育行为变动可能会比北京和天津的同等程度变化所用的时间要短。

3. 京津冀三地生育行为存在梯度效应，在未来生育政策制定方面应更有针对性

首先，2010 年平均子女数北京为 1.17 个、天津为 1.21 个、河北为 1.60 个，河北与其他两地差异较大，北京和天津相对差异较小。其次，在婚育行为方面三地的情况各不相同。依据这样的情况，未来京津冀在制定生育政策方面应更有针对性。如果要提高北京的生育率，由于北京的婚育模式受到观念的影响，仅仅改变外在的环境效果也许并不显著，可能需要花费更多的精力去建立更适宜现代观念的生育机制。天津的婚育观念变化不是特别大，受经济变化影响较大，改变外界环境就可能提高其生育率。

参考文献

风笑天，2015，《"男大女小"的婚配模式是否改变》，《探索与争鸣》第 3 期。

胡莹等，2013，《中国当代农村流动女性的婚姻模式及影响因素——基于第三期中国妇女社会地位调查研究》，《西安交通大学学报》（社会科学版）第 3 期。

黄潇，2011，《中国教育不平等与收入分配差距的实证研究》，《重庆大学学报》第 3 期。

李培、邓慧，2007，《京津冀地区人口迁移特征及其影响因素分析》，《人口与经济》第 6 期。

刘爽、梁海燕，2014，《90 年代以来中国夫妇婚龄差变化趋势及原因探讨》，《青年研究》第 4 期。

孟庆华，2014，《基于生态足迹的京津冀人口容量研究》，《林业资源管理》第 9 期。

宋月萍、段成荣等，2012，《传统、冲击与嬗变——新生代农民工婚育行为探析》，《人口与经济》第 6 期。

孙铁山等，2009，《基于区域密度函数的区域空间结构与增长模式研究——以京津冀都
　　市圈为例》，《地理科学》第 8 期。

魏进平等，2014，《京津冀协同发展的历程回顾、现实困境与突破路径》，《河北工业大
　　学学报》第 6 期。

叶裕民、李彦军、倪稞，2008，《京津冀都市圈人口流动与跨区域统筹城乡发展》，《中
　　国人口科学》第 2 期。

张翼，2014，《受教育程度与城镇居民收入不平等——基于基尼系数的分解研究》，《西
　　北人口》第 3 期。

一体化背景下京津冀医疗
卫生资源配置研究

薛伟玲*

摘　要：

结合城乡特征和人口年龄结构特征，从人、财、物三个方面，
分析京津冀医疗卫生资源配置现状及特征，主要有如下发现：
首先，当前京津冀医疗卫生资源一体化水平尚待进一步提高；
其次，医疗卫生资源配置不仅存在省（市）际差异，而且省
（市）内差异同样较大；再次，京津医疗卫生领域基层建设有
待继续提高，而河北则亟须提高医疗卫生品质；最后，京津
冀医疗卫生资源在城乡之间的配置仍然存在较大的差异，而
且京津冀老年医疗卫生资源普遍不足，邻避风险仍然存在。

关键词：

京津冀　医疗卫生　资源配置

一　引言

医疗卫生资源作为重要的公共资源是京津冀一体化进程中的重要议题，
而北京市、天津市以及河北省地级市医疗卫生资源的协同发展是京津冀地区
实现医疗一体化的核心途径，区域均质化是重要的发展目标。如今京津冀一
体化工作已经进入全面试水阶段，主要方案集中在京津冀三地和北京内部区

---

* 薛伟玲，河南长葛人，北京市委党校社会学教研部讲师，主要研究方向：人口老龄化、人口
经济学。

县之间的互动层面，可归结为医疗资源疏解和医疗机构合作。初步来看，京津冀医疗卫生资源配置主要有以下四个基本特点：第一，当前京津冀医疗卫生资源配置一体化水平不高。第二，协同发展模式主要集中在京冀合作，其中主要表现在北京优质医疗卫生资源向北京近邻的河北廊坊、张家口等地的辐射上，尚未深入河北腹地。京津和津冀的合作度并不高，天津的参与度不高。第三，协同发展中，传统城市主导观念突出，没有考虑城乡差异。第四，协同发展中，忽视人口年龄结构以及未来更加严重的人口老龄化趋势可能导致的医疗卫生资源配置效率不高的问题。为了更好地理解这些问题，本文从一体化视角对京津冀医疗卫生资源配置现状和规律进行研究，结合城乡特征和人口年龄结构特征，从人、财、物三个方面，分析作为医疗卫生资源的京津冀医疗卫生公共支出、医疗卫生机构和床位数、医生和护士数分布情况和基本特征。

二　京津冀医疗卫生财政投入现状和基本特征

政府的财政投入是医疗卫生资源配置的重要方面，结合数据的可及性，该部分主要研究以下两个方面的内容：第一，在省级层面上对京津冀财政支出中医疗卫生与计划生育支出进行对比，同时将其与全国平均水平做比较；第二，在地级市层面上对人均医疗卫生支出指标进行对比研究。

图1是2014年京津冀医疗卫生与计划生育支出的总量指标和人均指标，以及这两个指标的平均值。由图可知，2014年政府财政预算支出中，全国医疗卫生与计划生育支出总额为10086.56亿元，其中北京市为322.29亿元，天津市为161.33亿元，河北省为446.79亿元。全国人均医疗卫生和计划生育支出为737.42元，北京市为1497.63元，天津市为1063.48元，河北省为605.08元。河北省人均医疗卫生和计划生育支出水平不仅远低于北京和天津的水平，而且低于全国平均水平；北京的人均医疗卫生和计划生育支出水平不仅远高于天津和河北，而且高于全国平均水平。

图2则显示了2014年医疗卫生和计划生育支出在政府一般公共预算支出中的比重分布情况。由图可知，2014年全国医疗卫生和计划生育支出在

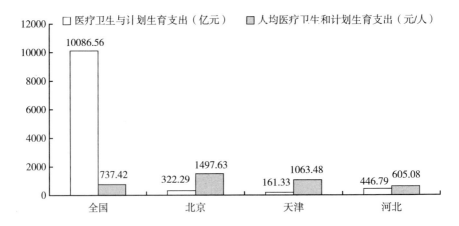

图1　2014年财政支出中医疗卫生与计划生育支出

数据来源：中华人民共和国国家统计局：《中国统计年鉴（2015）》，中国统计出版社，2015。

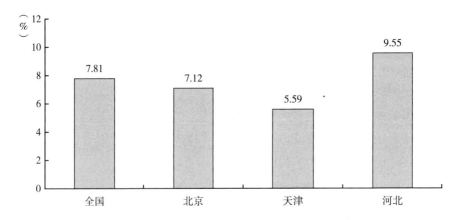

图2　2014年医疗卫生和计划生育支出在政府一般公共预算支出中的比重

数据来源：中华人民共和国国家统计局：《中国统计年鉴（2015）》，中国统计出版社，2015。

政府一般公共预算支出中的比重为7.81%。河北省医疗卫生和计划生育支出在政府一般公共预算支出中的比重为9.55%，不仅高于全国平均水平，而且远远高于北京市7.12%的水平和天津市5.59%的水平。很明显，河北省医疗卫生和计划生育支出在政府一般公共预算支出中的比重在京津冀中是最高的。然而，图1显示河北省人均医疗卫生和计划生育支出水平却在京津冀中最低。图1和图2综合说明河北省医疗卫生和计划生育支出人均水平较低的情况更多的是受到其政府一般公共预算总体水平较低的影响，而政府地方财政预算水平较低在很大程度上是由当地经济发展水平较低的现实所决定的。所以，要实现作为公共服务的医疗卫生资源配置的京津冀一体化，就要充分发挥北京和天津的经济"溢出效应"，不断提升河北经济发展水平，推进区域经济协同发展，并实现经济一体化。不能就医疗卫生资源配置一体化而讨论医疗卫生资源，要将医疗卫生资源一体化配置置于包括经济一体化、公共服务一体化等在内的区域一体化系统工程之中。

除了北京、天津、河北之间存在显著的省际差异外，也很有必要对北京各区、天津各区县、河北各地级市之间的差异进行研究。本文使用《中国区域经济统计年鉴（2014）》数据，按照常住人口口径，从地级市层面对人均医疗卫生财政支出由低到高进行排序，依次为：河北邯郸市（269.81元/人）、天津河东区（307.14元/人）、河北保定市（332.34元/人）、天津河西区（337.74元/人）、河北沧州市（358.69元/人）、北京丰台区（364.44元/人）、天津南开区（376.32元/人）、河北张家口市（399.05元/人）、天津红桥区（419.41元/人）、北京昌平区（424.56元/人）、北京海淀区（438.20元/人）、天津蓟县（453.23元/人）、河北石家庄市（459.62元/人）、河北衡水市（460.20元/人）、河北廊坊市（462.18元/人）、天津津南区（467.84元/人）、天津宝坻区（509.07元/人）、天津东丽区（534.78元/人）、天津武清区（536.72元/人）、河北唐山市（537.75元/人）、天津北辰区（540.92元/人）、北京石景山区（557.45元/人）、天津河北区（578.59元/人）、天津宁河县（578.60元/人）、天津静海县（591.46元/人）、北京大兴区（615.79元/人）、天津西青区（659.41元/人）、河北邢台市（661.63元/人）、天津滨海新区（709.36元/人）、北京朝阳区（735.75元/人）、河北承德市（814.79元/人）、北京房山区（921.78元/人）、北京通州区（956.26元/人）、天津和平区（1098.9元/人）、北京门头沟区（1125.41元/人）、北京顺义区（1190.23元/人）、北京东城区（1207.92元/人）、北京延庆区（1268.99元/人）、北京平谷区（1284.36元/人）、北京西城区（1340.75元/人）、河北秦皇岛市（1345.81元/人）、北京怀柔区（1842.93 元/人）、北京密云区（2180.67 元/人）。

由此可知，不仅存在京津冀医疗卫生财政支出的省际差异，省内的差异同样存在且不容忽视。虽然河北省的医疗卫生财政支出水平相对较低，但是河北省各地级市中却也有像秦皇岛市这样位居该指标前三位的地区，秦皇岛人均医疗卫生财政支出为 1345.81 元，足足比同为河北省的该指标排名最后的邯郸市 269.81 元的水平高出了 1076 元。而该指标值最高的北京密云区 2180.67 元的水平同样比同为北京市的丰台区 364.44 元的水平足足高出了 1816.23 元。天津和平区 1098.9 元的水平也比同为天津市的河东区 307.14 元的水平高出了 791.76 元。

同样的，按照常住人口口径，从地级市层面，对医疗卫生支出在地方财政预算支出中的比例进行比较排序，从低到高依次为：天津市滨海新区（3.04%）、北京市海淀区（4.04%）、天津市东丽区（4.36%）、北京市门头沟区（4.48%）、北京市延庆区（5.07%）、北京市丰台区（5.47%）、天津市津南区（5.85%）、北京市石景山区（5.86%）、天津市武清区（6.03%）、北京市西城区（6.09%）、北京市房山区（6.43%）、北京市东城区（6.50%）、北京市昌平区（6.51%）、天津市西青区（6.58%）、北京市平谷区（6.58%）、天津市宁河县（6.63%）、天津市和平区（6.73%）、天津市河东区（6.80%）、天津市河西区（6.84%）、北京市大兴区（6.86%）、天津市宝坻区（6.90%）、天津市静海县（7.30%）、北京市怀柔区（7.30%）、天津市红桥区（7.83%）、河北省廊坊市（7.89%）、北京市顺义区（7.98%）、天津市北辰区（8.21%）、天津市蓟县（8.26%）、河北省唐山市（8.34%）、河北省邯郸市（8.53%）、河北省张家口市（8.79%）、北京市朝阳区（8.92%）、河北省沧州市（8.97%）、河北省石家庄市（9.23%）、天津市南开区（9.59%）、北京市通州区（10.11%）、河北省邢台市（10.37%）、天津市河北区（10.63%）、河北省保定市（10.77%）、河北省衡水市（10.93%）、河北省承德市（11.05%）、河北省秦皇岛市（11.16%）、北京市密云区（11.58%）。

可以发现，虽然河北省各个地级市医疗卫生支出在地方财政预算支出中的比重普遍较高，但是该指标在省（市）内同样存在不容忽视的明显差异。

其中，政府财政预算支出中医疗卫生支出比重排名后十位的市（区、县）有 4 个属于天津市，6 个属于北京市；排名前十位的市（区、县）有 6 个属于河北省，2 个属于天津市，2 个属于北京市。

通过以上从省（市）际和省（市）内各市（区、县）两个层面对政府医疗卫生支出的总数、人均值，以及比重指标的研究，主要得出如下基本结论：第一，京津冀医疗卫生财政支出一体化水平较低，京津冀之间差异较大；第二，北京优势突出；第三，北京、天津、河北内部医疗卫生财政支出一体化水平同样较低，各个省（市）内部差异较大。

三　京津冀医疗卫生机构和床位数分布现状和基本特征

《中国统计年鉴（2015）》数据显示，2014 年全国有医疗卫生机构 981432 家，其中基层医疗卫生机构 917335 家，占 93.47%；北京市有医疗卫生机构 9638 家，其中基层医疗卫生机构 8802 家，占 91.33%；天津市有医疗卫生机构 4990 家，其中基层医疗卫生机构 4419 家，占 88.56%；河北省有医疗卫生机构 78895 家，其中基层医疗卫生机构 75623 家，占 95.85%。由此可见，京津冀医疗卫生机构基层率存在明显差异，北京和天津的基层医疗卫生机构比例均低于全国水平，而河北的基层医疗卫生机构比例则高于全国水平。对京津冀医疗卫生机构和基层医疗卫生机构数的平均值指标进行考察，可以发现，北京和天津每十万人医疗卫生机构数均低于全国平均水平，而河北则高于全国平均水平。其中，全国每十万人医疗卫生机构数为 71.75 家，北京为 44.79 家，天津为 32.89 家，河北为 106.85 家。相应的，北京和天津每十万人基层医疗卫生机构数也都低于全国平均水平，而河北则高于全国平均水平。其中，全国为 67.07 家，北京、天津、河北分别为 40.90 家、29.13 家和 102.41 家。

如果对医疗卫生机构中的医院、妇幼保健院指标进行考察，可以发现，2014 年，全国有医院 25860 家，北京市有医院 608 家，天津市有医院 373 家，河北省有医院 1341 家。从妇幼保健院的数量来看，全国有 3098 家，北京市有 19 家，天津市有 22 家，河北省有 222 家。对每十万人医院数的考察结果显示，北京和天津高于全国平均水平，而河北则低于全国平均水平。其中全国平均水平为每十万人1.89家，北京、天津、河北分别为2.83家、2.46家、1.82家（见图3）。

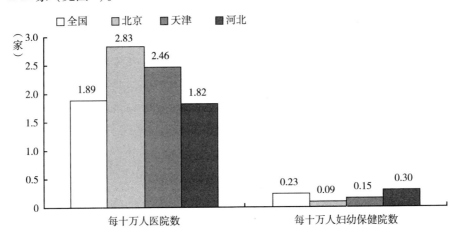

图3　全国及京津冀每十万人医院和妇幼保健院分布情况

数据来源：中华人民共和国国家统计局：《中国统计年鉴（2015）》，中国统计出版社，2015。

对每十万人妇幼保健院数指标的考察结果显示，北京和天津低于全国平均水平，而河北则高于全国平均水平。其中全国每十万人妇幼保健院数为0.23家，北京、天津、河北每十万人拥有妇幼保健院分别为0.09家、0.15家、0.30家。妇幼保健资源的配置固然和当地的育龄妇女数和生育率存在很大关系，但由于妇幼保健院的设置多是以户籍人口为基本考量因素的，所以会出现流动人口较多的京津这样的大城市生育建档难、医生负担重、妇幼保健资源不足的问题异常突出。

为了更加科学地了解京津冀医疗卫生设施配置情况，有必要对医疗卫生机构床位数指标进行考察，具体情况见图4。

年鉴数据显示2014年全国医疗卫生机构有床位660.12万张，每千人口医疗卫生机构床位数为4.85张，病床使用率为88.00%；北京市医疗卫生机构床位数为10.98万张，每千人口医疗卫生机构床位数为5.10张，病床使用率为83.20%；天津市医疗卫生机构床位数为6.09万张，每千人口医疗卫生机构床

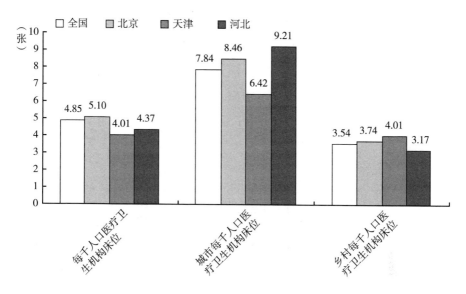

图 4　2014 年每千人口医疗卫生机构床位数分布

数据来源：中华人民共和国国家统计局：《中国统计年鉴（2015）》，中国统计出版社，2015。

位数为 4.01 张，病床使用率为 83.90%；河北省医疗卫生机构床位数为 32.29 万张，每千人口医疗卫生机构床位数为 4.37 张，病床使用率为 86.70%。

很明显，北京人均医疗卫生机构床位数高于全国平均水平，而天津和河北人均医疗卫生机构床位数则都低于全国平均水平，而且三地中天津人均医疗卫生机构床位数最低。这提示，京津冀区域内医疗卫生资源配置很可能存在"邻避风险"。

对每千人口医疗卫生机构床位数的城乡分布进行考察可以发现，全国城市每千人口平均拥有 7.84 张医疗卫生机构床位，乡村每千人口平均拥有 3.54 张医疗卫生机构床位，城市每千人口比乡村每千人口平均多拥有床位 4.3 张，城市是乡村的 2.21 倍，城乡差异显著。对京津冀三地每千人口医疗卫生机构床位数城乡分布的考察发现，北京城乡每千人口医疗卫生机构床位数分别为 8.46 张和 3.74 张，城市比乡村多 4.72 张，城市是乡村的 2.26 倍；天津城乡每千人口医疗卫生机构床位数指标分别为 6.42 张和 4.01 张，城市比乡村多 2.41 张，城市是乡村的 1.60 倍；河北省城乡每千人口医疗卫生机构床位数指标分别为9.21张和3.17张，城市比乡村多6.04张，城市是乡村的2.91倍。由此可见，不仅全国每千人口医疗卫生机构床位数在城乡之间存在显著差异，而且北京、天津、河北每千人口医疗卫生机构床位数在城乡之间也都存在显著差异，其中河北省的城乡差异尤其突出。

地级市（区、县）每千人口医疗卫生机构床位数①由低到高排序依次为：天津市东丽区（1.81张）、天津市蓟县（2.00张）、天津市北辰区（2.04张）、天津市静海县（2.36张）、北京市通州区（2.37张）、天津市宝坻区（2.47张）、天津市滨海新区（2.63张）、天津市宁河县（2.74张）、天津市西青区（2.99张）、北京市海淀区（3.09张）、北京市延庆区（3.11张）、北京市顺义区（3.27张）、天津市武清区（3.29张）、河北省保定市（3.54张）、北京市密云区（3.55张）、河北省衡水市（3.78张）、河北省廊坊市（3.97张）、天津市河东区（4.00张）、北京市丰台区（4.06张）、河北省邢台区（4.17张）、北京市怀柔区（4.19张）、天津市津南区（4.22张）、河北省沧州市（4.24张）、北京市大兴区（4.32张）、河北省邯郸市（4.39张）、河北省张家口市（4.66张）、河北省石家庄市（4.66张）、北京市平谷区（4.73张）、天津市河北区（4.83张）、北京市朝阳区（4.86张）、河北省承德市（4.99张）、河北省唐山市（5.18张）、天津市红桥区（5.44张）、河北省秦皇岛市（5.53张）、北京市昌平区（5.82张）、北京市房山区（5.96张）、北京市石景山区（6.37张）、天津市南开区（6.65张）、北京市门头沟区（9.34张）、天津市河西区（9.48张）、北京市西城区（11.79张）、北京市东城区（12.00张）、天津市和平区（13.69张）。由此可见，不仅北京、天津、河北之间每千人口医疗卫生机构床位数存在明显的省际差异，而且省（市）内各地级市（区、县）之间同样存在明显的省内差异。

综上所述，对京津冀医疗卫生设施进行考察的结果表明：（1）京津冀医疗卫生机构基层率存在明显差异，北京和天津的基层医疗卫生机构比例均

① 相关数据来自北京统计信息网区域统计数据；河北省人民政府办公厅：《河北经济年鉴》（2015），中国统计出版社，2015；天津市统计局、国家统计局天津调查总队：《天津统计年鉴》（2015），中国统计出版社，2015。

低于全国水平，而河北的基层医疗卫生机构比例则高于全国水平。（2）京津冀区域内医疗卫生资源配置很可能存在"邻避风险"，天津每千人口医疗卫生机构床位数不仅低于北京，而且低于河北。（3）京津生育建档难、医生负担重、妇幼保健资源不足的问题异常突出。（4）不仅北京、天津、河北之间每千人口医疗卫生机构床位数指标存在明显的省际差异，而且省（市）内各地级市（区、县）之间存在明显的省内差异。（5）城乡之间医疗卫生设施存在显著差异，城市远优于乡村，河北省医疗卫生设施的城乡差异尤其突出。河北省城市医疗卫生设施配置水平高于京津，但是乡村则显著低于京津。

四 京津冀医疗卫生人力资本现状和基本特征

人力资本是决定医疗卫生资源品质的关键因素，此处对京津冀医疗卫生人力资本分布情况进行分析，指标包括每千人口卫生技术人员数、每千人口执业（助理）医师数和每千人口注册护士数，具体情况见图5、图6和图7。

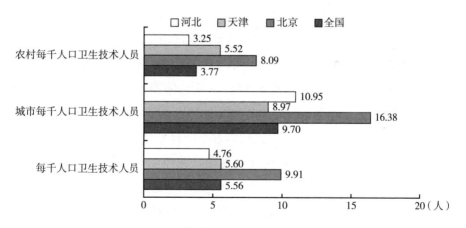

图5 2014年每千人口卫生技术人员分布

数据来源：国家卫生和计划生育委员会：《中国卫生和计划生育统计年鉴》（2015），中国协和医科大学出版社，2015。

由图5可知，全国平均每千人口拥有5.56位卫生技术人员，其中城市平均每千人口拥有卫生技术人员9.70人，而乡村每千人口拥有卫生技术人员3.77人，城市每千人口拥有的卫生技术人员数比乡村多5.93人，城市是乡村的 2.57 倍，每千人口卫生技术人员数存在明显的城乡差异。在京津冀区域内，北京每千人口拥有 9.91 位卫生技术人员，远远高于全国平均水平，同样也高于天津 5.60 人和河北 4.76 人的平均水平。与津、冀和全国平均水平相比，北京每千人口拥有卫生技术人员数指标具有突出优势。通过京津冀的城乡比较可以发现，北京每千城市人口拥有 16.38 位卫生技术人员，而乡村每千人口拥有 8.09 位卫生技术人员，城市每千人口拥有的卫生技术人员数是乡村的 2.02 倍，城市比乡村多 8.29 人。天津每千城市人口拥有 8.97 位卫生技术人员，而乡村每千人口拥有 5.52 位卫生技术人员，城市每千人口拥有的卫生技术人员数是乡村的 1.63 倍，城市比乡村多 3.45 人。河北省每千城市人口拥有 10.95 位卫生技术人员，而乡村每千人口拥有 3.25 位卫生技术人员，城市每千人口拥有的卫生技术人员数是乡村的 3.37 倍，城市比乡村多 7.70 人。由此可知，每千人口卫生技术人员指标存在明显的城乡差异，城市的该指标远远优于农村，该现象在河北省尤其突出。

由图 6 可知，2014 年全国每千人口拥有 2.12 位执业（助理）医师，京津冀之间及其与全国平均水平的比较可以发现，北京市平均每千人口拥有 3.72 位执业（助理）医师，远远高于全国平均水平以及天津市 2.20 人和河北省 2.14 人的水平，北京每千人口执业（助理）医师数指标优势突出。在城乡比较中，每千城市人口拥有 3.54 位执业（助理）医师，每千农村人口拥有 1.15 位执业（助理）医师，二者相差 2.39 人，城市是乡村的 3.08 倍，城乡每千人口拥有执业（助理）医师数存在明显差异。北京市城乡对比中，每千城市人口平均拥有 6.10 位执业（助理）医师，每千乡村人口平均拥有 3.74 位执业（助理）医师，二者相差 2.36 人，城市是乡村的 1.63 倍。天津市的城乡对比中，每千城市人口平均拥有 3.39 位执业（助理）医师，每千农村人口平均拥有 2.76 位执业（助理）医师，二者相差 0.63 人，城市是乡村的 1.23 倍。河北省的城乡对比结果显示，每千城市人口平均拥有 4.45 位执业（助理）医师，每千乡村人口平均拥有 1.56 位执业（助理）医师，二者相差 2.89 人，城市是乡村的 2.85 倍。由此可知，每千人口执业（助理）医师数在京津冀区域内同样存在明显的城乡差异，其中河北省的城乡差异尤其突出。

图 7 显示了每千人口注册护士数的全国平均水平和在京津冀的分布情

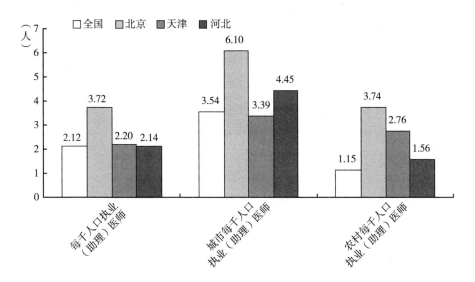

图6　2014 年每千人口执业（助理）医师分布

数据来源：国家卫生和计划生育委员会：《中国卫生和计划生育统计年鉴》（2015），中国协和医科大学出版社，2015。

况。由图可知，2014 年全国每千人口拥有 2.20 位注册护士，其中北京市每千人口拥有注册护士 4.11 人，天津每千人口拥有注册护士 2.08 人，河北每千人口拥有注册护士 1.65 人。北京每千人口注册护士数指标具有突出优势，明显高于全国水平，更加高于天津 2.08 人和河北 1.65 人的水平。对每千人口注册护士数进行城乡对比，有如下发现，就全国范围来看，每千城市人口拥有 4.30 位注册护士，每千乡村人口拥有 1.31 位注册护士，二者相差 2.99 人，城市是乡村的 3.28 倍。北京市每千城市人口拥有 6.84 位注册护士，每千乡村人口拥有 2.60 位注册护士，二者相差 4.24 人，城市是乡村的 2.63 倍。天津市每千城市人口拥有 3.47 位注册护士，每千乡村人口拥有 1.46 位注册护士，二者相差 2.01 人，城市是乡村的 2.38 倍。河北省每千城市人口拥有 4.77 位注册护士，每千乡村人口拥有 0.91 位注册护士，二者相差 3.86 人，城市是乡村的 5.24 倍。由此可见，城乡每千人口注册护士数存在明显差异，这种现象在河北省尤其突出。

很显然，北京的医疗卫生人力资本优势非常突出。即便如此，北京各区之间医疗卫生人力资本差异较大的情况仍然不可忽视（如表 1 所示）。

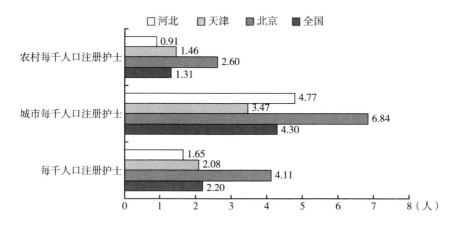

图7　2014年每千人口注册护士分布

数据来源：国家卫生和计划生育委员会：《中国卫生和计划生育统计年鉴》（2015），中国协和医科大学出版社，2015。

表1　2014年北京各区医疗卫生人员分布情况一览

单位：人

	每千常住人口卫技人员	每千常住人口执业（助理）医师	每千常住人口注册护士
东 城 区	27.28	10.38	10.95
西 城 区	25.02	8.68	10.60
朝 阳 区	10.92	4.23	4.64
丰 台 区	7.42	2.72	3.19
石景山区	10.94	4.13	4.73
海 淀 区	7.79	2.88	3.36
房 山 区	8.56	3.20	3.45
通 州 区	5.96	2.24	2.28
顺 义 区	6.65	2.86	2.39
昌 平 区	6.32	2.25	2.78
大 兴 区	6.50	2.38	2.63
门头沟区	10.73	3.66	4.54
怀 柔 区	8.49	3.69	2.90
平 谷 区	8.56	3.45	3.32
密 云 区	7.18	3.29	2.31
延 庆 区	6.71	2.82	2.31

数据来源：北京统计信息网区域统计数据。

可见，首都功能核心区优势非常突出，每千常住人口拥有25.95位卫技人员；其次是城市功能拓展区，每千常住人口拥有卫技人员9.07人；再次是生态涵养发展区，每千常住人口拥有卫技人员8.24人；最后是城市发展新区，每千常住人口拥有卫技人员6.68人。对每千常住人口执业（助理）医师数进行考察发现，首都功能核心区优势仍非常突出，每千常住人口拥有执业（助理）医师9.38人；其次是首都功能拓展区，每千常住人口拥有执业（助理）医师3.42人；再次是生态涵养发展区，每千常住人口拥有执业（助理）医师3.39人；最后是城市发展新区，每千常住人口拥有执业（助理）医师2.51人。对每千常住人口注册护士指标的考察同样存在该规律，即首都功能核心区每千常住人口拥有注册护士数最多，为10.74人；其次是城市功能拓展区，每千常住人口拥有注册护士3.88人；再次是生态涵养发展区，每千常住人口拥有注册护士3.01人；最后是城市发展新区，每千常住人口拥有注册护士2.69人。对各区每千常住人口卫技人员指标由低到高进行排序，依次为：通州区（5.96人）、昌平区（6.32人）、大兴区（6.50人）、顺义区（6.65人）、延庆区（6.71人）、密云区（7.18人）、丰台区（7.42人）、海淀区（7.79人）、怀柔区（8.49人）、房山区（8.56人）、平谷区（8.56人）、门头沟区（10.73人）、朝阳区（10.92人）、石景山区（10.94人）、西城区（25.02人）、东城区（27.28人）。对各区每千常住人口执业（助理）医师指标由低到高排序，依次为：通州区（2.24人）、昌平区（2.25人）、大兴区（2.38人）、丰台区（2.72人）、延庆区（2.82人）、顺义区（2.86人）、海淀区（2.88人）、房山区（3.20人）、密云区（3.29人）、平谷区（3.45人）、门头沟区（3.69人）、石景山区（4.13人）、朝阳区（4.23人）、西城区（8.68人）、东城区（10.38人）。对各区每千常住人口注册护士数按照从低到高排序，依次为：通州区（2.28人）、延庆区（2.31人）、密云区（2.31人）、顺义区（2.39人）、大兴区（2.63人）、昌平区（2.78人）、怀柔区（2.90人）、丰台区（3.19人）、平谷区（3.32人）、海淀区（3.36人）、房山区（3.45人）、门头沟区（4.54人）、朝阳区（4.64人）、石景山区（4.73人）、西城区（10.60人）、东城区（10.95人）。总体而言，北京市医疗卫生人力资本在首都功能核心区、城市功能拓展区、生态涵养发展区、城市发展新区呈现梯度变化，首都功能核心区优势非常突出。

图 8 显示了河北省各个地级市每千常住人口执业（助理）医师数和每千常住人口卫技人员数分布情况。由图可知，河北省内各个地级市之间医疗卫生人力资本存在明显差异。对每千常住人口卫技人员指标由低到高进行排序，依次为：张家口市（4.04 人）、衡水市（4.09 人）、邯郸市（4.11 人）、保定市（4.13 人）、邢台市（4.30 人）、廊坊市（4.69 人）、沧州市（4.71 人）、承德市（5.00 人）、石家庄市（5.75 人）、唐山市（5.82 人）、秦皇岛市（6.10 人），最高的秦皇岛市和最低的张家口市相差 2.06 人。对每千常住人口拥有的执业（助理）医师数指标由低到高进行排序，依次为：张家口市（1.66 人）、邯郸市（1.80 人）、保定市（1.85 人）、廊坊市（1.97 人）、衡水市（2.03 人）、邢台市（2.04 人）、沧州市（2.17 人）、承德市（2.26 人）、唐山市（2.47 人）、石家庄市（2.66 人）、秦皇岛市（2.68 人），最高的秦皇岛市和最低的张家口市相差 1.02 人。由此可见，不仅河北省医疗卫生人力资本总体水平较低，而且各个地级市之间存在明显差异的现象同样不可忽视。

图 8　2014 年河北各市医疗卫生人员分布

数据来源：河北省人民政府办公厅：《河北经济年鉴》（2015），中国统计出版社，2015。

总之，地区比较结果表明北京医疗卫生人力资本优势非常突出，这种优势尤其集中在首都功能核心区，尽管如此，北京各区之间仍然存在明显差异。医疗卫生人力资本的差异还体现在城乡差异上，尤其以河北省最为突出，同时河北省各地级市的医疗卫生人力资本同样存在明显差异。京津、京冀医疗卫生人力资本差异较大，而津冀医疗卫生人力资本差异并不明显，天津市医疗卫生资源优势地位并不突出。

五　一体化背景下京津冀医疗卫生
资源配置人口风险研究

（一）基于医疗卫生资源配置一体化的京津冀人口城乡分布现状和特征

根据《中国统计年鉴（2015）》，2014 年末全国人口为 136782 万人。其中，北京市有 2147 万人，占全国人口的 1.57%；天津市有 1517 万人，占全国人口的 1.11%；河北省有 7383 万人，占全国人口的 5.40%。

从城镇化水平来看，2014 年末，全国城镇人口有 74916 万人，乡村人口有 61866 万人。其中北京城镇人口有 1853 万人，乡村人口有 294 万人；天津城镇人口有 1248 万人，乡村人口有 269 万人；河北城镇人口有 3642 万人，乡村人口有 3741 万人。全国城镇人口比重为 54.77%。其中，北京市城镇人口比重为 86.31%，天津市城镇人口比重为 82.27%，河北省城镇人口比重为 49.33%。很显然，河北省城镇化水平不仅在京津冀三地中最低，而且比全国低 5.44 个百分点。不仅河北省的城镇化水平明显低于京津，而且各省（市）内部同样存在明显差异。以北京为例，2013 年北京市人口在各区的城乡分布特征差异很大。[①] 北京市乡村人口主要集中在城市发展新区和生态涵养发展区；首都功能核心区人口全部为城镇人口；城市功能扩展区中，石景山区全部为城镇人口，朝阳区有约 1 万乡村人口，丰台区有约 1.5 万乡村人口，海淀区有约 7.3 万乡村人口。乡村人口比重按照由高到低排序，依次为：东城（0.00%）、西城（0.00%）、石景山（0.00%）、朝阳（0.26%）、丰台（0.66%）、海淀（2.04%）、门头沟（14.19%）、昌平（18.26%）、房山（30.30%）、怀柔（31.41%）、大兴（32.32%）、通州（36.27%）、密云

---

① 北京统计信息网区域统计数据。

（44.75%）、平谷（45.73%）、顺义（45.88%）、延庆（50.63%）。

对比医疗卫生人员的配置指标，河北省乡村每千人口卫生技术人员数为3.25人，低于全国3.77人的平均水平，更低于天津5.52人和北京8.09人的水平。比较乡村每千人口执业（助理）医师数，河北为1.56人，略高于全国1.51人的平均水平，但低于天津2.76人和北京3.74人的水平。对比乡村每千人口注册护士数，可以发现全国该指标值为2.2人，河北省为1.65人，天津市为2.08人，北京市为4.11人，河北和天津乡村每千人口注册护士数均低于全国平均水平，而北京农村该项指标值则远远高于全国平均水平。

对比乡村每千人口医疗卫生机构床位数，全国该指标值为3.54张，北京市为3.74张，天津市为4.01张，河北省为3.17张。河北省乡村居民拥有较少的医疗卫生机构床位，不仅低于北京市和天津市，而且低于全国的平均水平。

由此可见，无论是从医疗卫生设施，还是从医疗卫生人力资本的角度来看，乡村医疗卫生资源配置水平均低于城镇，该问题在河北省尤其突出。同时，河北省的城镇化水平明显低于京津，各省（市）内部城镇化差异也很大。

（二）京津冀医疗卫生资源配置的老龄化风险研究

除了城乡差异，伴随着老龄化程度的不断加深，在京津冀医疗卫生资源配置中，还必须考虑老龄化可能给医疗卫生资源配置带来的风险问题。根据2014年全国人口变动情况抽样调查数据显示，全国人口总抚养比为36.16%，其中少年儿童抚养比为22.45%，老年人口抚养比为13.70%，人口老龄化问题突出。京津冀人口抚养比及全国平均水平如表2所示。

表2 2014年京津冀及全国人口抚养比一览

单位：%

	总抚养比	少年儿童抚养比	老年人口抚养比
全国	36.16	22.45	13.70
北京	23.02	12.5	10.52
天津	28.97	13.91	15.06
河北	38.78	25.84	12.94

由表 2 可知，2014 年全国老年抚养比为 13.70%，北京老年抚养比为
10.52%，低于天津市和河北省。这里的老年抚养比统计口径是常住人口，
由于北京非户籍常住人口多是劳动年龄人口，人口年龄结构相对较轻，所以
掩盖了北京市户籍人口极其严重的人口老龄化现象。严峻的人口老龄化形
势，一方面反映了劳动年龄人口需要抚养的老年人口比重的升高、社会抚养
负担的加重；另一方面随着人们年龄的增加，进入老年期后，就医需求也随
之增加，实际上对医疗卫生资源的配置提出了新的要求。

不仅如此，老年人健康照料风险也随着人口老龄化进程的不断深化而越
来越大。从全国来看，照料资源不足的问题凸显，在京津冀的地区对比中，
北京和天津尤其突出。对平均家庭户规模考察的结果可以很好地说明该问
题，具体情况见图 9。

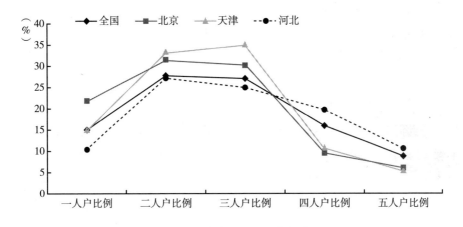

图 9　各种家庭户占所有家庭户的比例

由图 9 可知，2014 年全国平均家庭户规模为 2.97 人/户，其中，一人
户占 14.92%，二人户占 27.65%，三人户占 26.68%，一人户、二人户、三
人户合计占所有家庭户的 69.25%；四人户占 15.90%，五人户占 8.76%，
五人及其以下家庭户占所有家庭户的 93.91%。北京家庭平均每户有 2.49
人，一人户占 21.39%，二人户占 31.55%，三人户占 30.21%，一人户、二
人户、三人户合计占所有家庭户的 83.15%；四人户占 9.50%，五人户占
5.77%，五人及其以下家庭占所有家庭户的 98.42%。天津家庭平均每户有

2.62 人，一人户占 14.64%，二人户占 33.09%，三人户占 35.01%，一人户、二人户、三人户合计占所有家庭户的 82.74%；四人户占 10.88%，五人户占 4.53%，五人及其以下家庭户占所有家庭户的 98.15%。河北家庭平均每户有 3.20 人，一人户占 10.25%，二人户占 27.01%，三人户占 24.79%，一人户、二人户、三人户合计占所有家庭户的 62.05%；四人户占 19.71%，五人户占 10.33%，五人及其以下人口家庭户占所有家庭户的 92.09%。相对于全国平均水平而言，河北家庭户中，一人户的比例明显更低，而四人户和五人户的比例则相对更高。而北京和天津四人户和五人户的比例则远远低于全国平均水平，而二人户和三人户的比例则远远高于全国平均水平。此外，北京市一人户的比例也远远高于全国平均水平。

对老年人家庭户的调查数据也很好地佐证了老年人照料资源不足的现状。以天津为例，2014 年被调查的有 65 岁及以上老人的 4874 户家庭中，以单身老人户和一对老人夫妇户为主，老人和亲属共属一户的比例非常低，其中一个老人与亲属共属一户的仅有 6 户，占 0.12%，二个老人与亲属共属一户的仅有 34 户，占 0.70%。作为老人照料传统基础的亲属网络显然已经不能承担起照料老人的工作。

与此同时，老年人健康状况却显示老年人中存在相当部分的人需要长期照料。"六普"长表数据结果显示，在全国被调查的 17658702 位 60 岁及以上老人中，健康老人为 7738173 位，占 43.82%；基本健康老人为 6945041 位，占 39.33%；不健康但生活能自理老人为 2455267 位，占 13.90%；生活不能自理老人为 520221 位，占 2.95%。北京、天津、河北老人健康状况如图 10 所示。

由图 10 可知，北京健康老人占 39.93%，基本健康老人占 42.81%，不健康但生活能自理老人占 12.83%，不能自理老人占 4.43%。天津健康老人占 44.36%，基本健康老人占 41.41%，不健康但生活能自理老人占 10.60%，生活不能自理老人占 3.63%。河北健康老人占 45.13%，基本健康老人占 36.78%，不健康但生活能自理老人占 14.63%，生活不能自理老人占 3.46%。老年人长期照料需求问题突出。

伴随着人口老龄化进程，老年医疗卫生，尤其是长期照料需求不断增加，但是老年医疗卫生资源严重不足（具体情况见图 11 和图 12）。

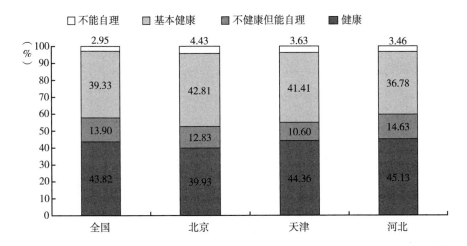

图10　老人健康状况分布

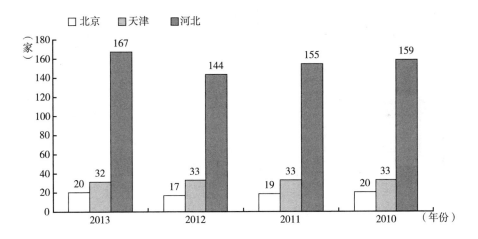

图11　老年医院变动情况

数据来源：2014年、2013年、2012年、2011年《中国民政统计年鉴》。

由图11可知，河北省老年医院数量从2010年的159家下降到了2012年的144家，然后又上升到2013年的167家。北京的老年医院同样经历了相似的变动规律，即从2010年的20家下降到了2012年的17家，然后再回升到2013年的20家。天津的老年医院则在2010～2012年都保持在33家的水平，2013年下降到32家。为了更好地理解老年医疗卫生资源的配置情

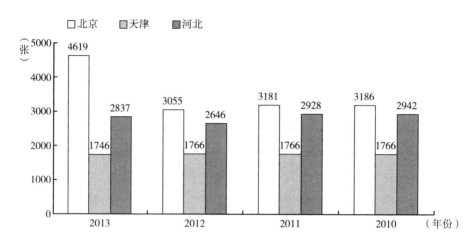

图12　老年医院床位数变动情况

数据来源：2014年、2013年、2012年、2011年《中国民政统计年鉴》。

况，图12给出了从2010年到2013年北京、天津和河北老年医院床位数的
变动情况。

以全国为基准，2013年北京、天津、河北老年医院床位数－65岁及
以上老年人口区位商分别为：2.44、0.99和0.40；2013年北京、天津、
河北医院床位数－总人口区位商分别为：1.36、0.99、0.89。2013年全
国每千人医院床位数为3.36张，其中北京为4.57张，天津为3.34张，
河北为3.01张；而2013年全国每千老年人口老年医院床位数为1.04
张，其中北京为2.53张，天津为1.03张，河北为0.42张。对比总人口
拥有医疗卫生机构床位数情况，2014年全国每千人口平均拥有医疗卫生
机构床位4.85张，北京每千人口平均拥有医疗卫生机构床位5.10张，
天津每千人口平均拥有医疗卫生机构床位4.01张，河北每千人口平均拥
有医疗卫生机构床位4.37张。可以发现，老年医疗卫生资源配置严重不
足，每千人口拥有医疗卫生机构床位数远远高于每千老人拥有老年医院
床位数；而且老年人拥有医疗卫生机构床位数的省级差异较大，其中天
津和河北老年人拥有老年医院床位数低于全国平均水平，而北京该指标
则远高于全国平均水平。

总之，当前京津冀老龄化进程不断加深，主要受制于家庭规模不断小型

化和传统孝道文化出现代际变迁，以及老年人的健康照料需求资源严重不足，与此相应的却是老年人健康照料需求的增加。然而，现实的情况是老年医疗卫生资源配置严重不足，尤其是河北和天津的老年医疗卫生资源水平都低于全国平均水平。

六　结论与讨论

本研究重点从一体化视角对京津冀医疗卫生资源的人、财、物三个方面，即对医疗卫生财政支出，对包括医疗卫生机构和医疗卫生机构床位数在内的医疗卫生设施，对包括卫生技术人员、执业（助理）医师、注册护士在内的医疗卫生人力资本的情况进行了考察，并在此基础上，从城镇化以及人口老龄化角度对医疗卫生资源的配置情况进行了一系列研究，主要得出如下基本结论和政策建议。

（一）同时重视省（市）际和省（市）内差异

当前京津冀医疗卫生资源配置一体化水平不高，北京医疗卫生资源优势突出，即便如此，在重视京津冀的省（市）际差异的同时，也不能忽视京津冀内部各地级市（区、县）之间的省（市）内差异。当前北京优质医疗卫生资源主要集中于首都功能核心区，各区之间差异较大，所以要打破传统思维的束缚、正视客观现实，在推进北京优质医疗卫生资源向外辐射和协同发展中，不做"夹生饭"，不忽视优质医疗卫生资源向北京市内医疗卫生资源较为落后的地区辐射。

（二）防范"一刀切"，京津继续加强基层建设，河北重点提升品质

京津冀医疗机构基层率存在明显差异，北京和天津的基层医疗卫生机构比例均低于全国水平，而河北的基层医疗卫生机构比例则高于全国水平。这提示我们要防范"一刀切"的做法，京津要加强基层医疗体系建设，河北则要将重点放在提升医疗卫生资源品质上。

（三）注意防范"邻避风险"

首先，当前天津医疗卫生设施水平不仅低于北京，而且低于河北。其次，北京优势突出，而天津的医疗卫生人力资本并不具备明显优势，甚至在某些指标上低于河北省。当前京津冀的一体化水平较低，而且主要在京冀之间进行，京津和津冀之间医疗卫生领域的协同发展并不明显。这些现象提示当前北京和天津的医疗卫生资源配置可能存在较强的"邻避效应"。今后，在推进京津冀医疗卫生资源一体化的进程中，如何化解"邻避风险"成为不容忽视的关键问题。

（四）重视城乡差异，打破传统的"城市本位"，统筹城乡资源，实现医疗卫生资源配置的城乡一体化

本文的研究结果显示，无论是从医疗卫生设施，还是从医疗卫生人力资本的角度来看，乡村医疗卫生资源配置水平均低于城镇，该问题在河北省尤其突出。同时，河北省的城镇化水平明显低于京津，而各省（市）内部城镇化差异也很大。在一体化进程中，除了要注重城市医疗卫生事业的发展，还要重视乡村医疗卫生事业的发展，尤其要注意医疗卫生资源水平相对不高的河北省乡村人口比重却很高的状况。

（五）重视老龄化、家庭规模小型化的社会现实，以老年医院为依托，加快推进"医养结合"

当前京津冀老龄化进程不断加深，主要受制于家庭规模不断小型化和传统孝道文化出现代际变迁，以及老年人的健康照料需求资源严重不足，与此相应的却是老年人健康照料需求的增加。然而，现实的情况是老年医疗卫生资源配置严重不足，尤其是河北和天津的老年医疗卫生资源水平都低于全国平均水平。所以，有必要把"医"和"养"资源结合起来，以老年医院为依托，加快推进"医养结合"工作，满足老年人就医和养老的双重需求。

参考文献

董香书，2016，《京津冀医疗医院协同发展的实现路径》，《首都经济贸易大学学报》第4期。

李兰翠、王玉君、付晓萌，2016，《京津冀医疗一体化现状及改革方向》，《天津社会保险》第1期。

任学婧、丰丹，2015，《京津冀医疗人才合作机制研究》，《合作经济与科技》第21期。

王晓洁，2016，《京津冀医疗卫生服务均等化量化研究：基于AHP方法》，《中国卫生经济》第10期。

武云秀，《京津冀医疗卫生事业协同发展的政策建议》，《经济与管理》第1期。

杨胜利、段世江，2016，《京津冀医疗卫生资源配置的公平性》，《河北大学学报》（哲学社会科学版）第2期。

许倩，2015，《应对老龄化 京津冀医疗养老一体化"十三五"提速》，《中国房地产报》第A05版。

周建菊、胡燕生，2015，《基于京津冀医疗共建的异地医保报销模式探讨》，《中国医院》第6期。

甄贞、吴明、张茜，2016，《河北省推进京津冀医疗服务协同发展的几点建议》，《科技展望》第30期。

第四编 人口与社会发展

北京创客发展需求与流动机制研究

吴 军*

摘 要：

在当下中国，"大众创业，万众创新"浪潮来临，诸如创客等创新创意高级人力资本在区域发展上开始扮演越来越重要的角色。

然而，对该群体比较系统的社会科学研究才刚刚开始，那么，这个正在崛起且别具一格的创客群体有什么样的特征？他们有哪些发展需求以及其为什么会选择某个地方而非其他地方呢？对这些问题的探讨非常重要，因为它直接影响着城市增长模式和核心发展竞争力。国外的研究表明，以创客为代表的高级人力资本将是城市未来发展的制胜关键，城市吸引和保有这些高级人力资本水平的高低直接影响着全球化过程中城市竞争的成败。但现实中，我们的学术界还没有对这

---

* 吴军，北京市委党校（北京行政学院）社会学教研部讲师、博士，北京人口与社会发展研究中心研究人员，主要研究方向：城市社会学与城市政策，近年来研究聚集文化与城市发展、社会组织发展与政府治理创新等。

些问题给予充分重视，也没有给出明确的解释。本研究尝试在这方面做些探索，对这样一个别具一格又不断壮大的新社会群体进行探索研究，重点对其流动机制开展探索性分析，希望能为当下城市在吸引、聚集与涵养高级人力资本等方面提供有益的借鉴。

关键词：

创客　发展需求　流动机制　城市增长　区域发展

一　导言

（一）研究背景与意义

半个世纪以来，我们每个人都亲身经历和感受到了互联网的飞速发展，以及它给这个世界带来的非凡成就与改变。1995年网景上市，Web时代的来临加速了互联网的普及。那个时候，全球网民才不过1600万人，到2015年全球网民已经高达30亿人。截至2016年6月，中国网民规模达7.1亿人，每人每天平均上网接近3.8小时。仅仅20多年的时间，全球就有一半以上的人口冲进比特世界，这场史诗般的"大迁徙"是人类史无前例的壮举。

随着"大迁徙"的推进，近年来中国出现了轰轰烈烈的创客运动，从创新创意到现实变革的路径变得越来越短。过去只有类似爱迪生那样的天才才能用创意创新改变世界，但是今天，许许多多的"爱迪生"就坐在我们身边，不经意就有人用非凡的创意或发明改变世界。这也给个人发掘自己的潜能或者开创自己的事业提供了前所未有的机遇。

在当下中国，"大众创业，万众创新"浪潮来临，创客与创客运动扮演着越来越重要的角色。2015年1月4日，正在深圳考察的国务院总理李克强来到柴火创客空间，体验各位年轻"创客"的创意产品。李克强总理现场评价说："创客充分展示了大众创业、万众创新的活力。这种活力和创造，将会成为中国经济未来增长的不熄引擎。"

随后，国务院与各级政府相继出台了支持发展"众创空间"的政策措施，为创新创业搭建新平台。北京在这方面经验丰富，尤其是在将中关村打造成"全球最具吸引力的创业中心"目标指导下，培育形成了以硬派空间、智能硬件、创新工场、车库咖啡、3W咖啡、36氪等创新型孵化器为代表的"众创空间"，聚集了大量的创客。北大创业训练营、北大1898咖啡馆、清华X-lab等以高校为依托的创新型孵化器蓬勃发展，吸引一批有梦想、有才华、有技术的青年创客投身于创新创业。同时，这里还涌现出36氪的刘成城、猛犸浏览器的季逸超、量化健康的赵柏闻等"80后"甚至"90后"创业精英，形成了百度系、新浪系、金山系等创业系。

总之，以创客群体为代表的创新创业浪潮已经在北京中关村拉开了大幕。然而，对该群体比较系统的社会科学研究才刚刚开始，我们不禁会问：这个正在不断崛起且别具一格的创客群体有什么特征？他们都有哪些发展需求以及该群体为什么会选择某个地方而非其他地方呢？我们认为，这些问题都非常重要，直接影响着城市的发展模式以及核心竞争力，因为以创客为代表的高级人力资本将是城市未来发展的制胜关键，城市吸引和保有这些高级人力资本水平的高低关系着全球化过程中城市未来竞争的成败。但现实中，学术界还没有对这些问题给予充分重视，也没有给出明确的答案。本研究就是从这样的问题出发，通过问卷调查和个案访谈，对这样一个别具一格又不断壮大崛起的新社会群体进行探索研究，重点对该群体的流动机制开展研究，希望能为当下城市在吸引、聚集与涵养高级人力资本等方面提供有益的借鉴。

（二）研究方法与数据来源

本研究主要采用定量与定性相结合的方法。定量数据主要来自"北京创客发展需求与流动问卷调查"。2015年9月起，本项目选取北京创客比较集中的地区——中关村1区16园进行整群随机抽样，涉及中关村创业大街、互联网教育创新中心、798艺术区、新华1949等科技或文创园区。前后共发放问卷1500份，回收有效问卷1288份。从创客分布领域看，样本覆盖电子商务（15%）、互联网教育（13%）、互联网金融（9%）、企业服务

（11%）、本地生活（11%）、SNS 社交网络（9%）、文化娱乐体育（11%）、游戏（8%）、智能硬件（11%）等领域。

定性材料主要来源于对 111 位创客的半结构式访谈。半结构式访谈并没有严格的标准，会根据研究议题鼓励被访者"畅所欲言"，说出最真实或最贴合被访者内心的想法。半结构式访谈比结构式访谈更为自由灵活，没有严格的访谈提纲，只有一些比较"粗"的问题。这样有利于从访谈中发现和探索一些更为新奇的观点。整个访谈主要在北京进行，兼顾上海和深圳。访谈形式为面谈和网络视频交谈。受访者年龄为 22～66 岁，大部分集中在 25～35 岁。受访者籍贯多为北京、上海、深圳、陕西、山西、成都、广州、长沙和新疆等地。

二 创客群体的人口社会学特征

创客作为创新创业的新社会群体正在中国崛起。回顾过去，170 多年前中国第一批工人诞生，他们是在 1840 年外国资本主义入侵中国后被动产生的。1949 年新中国成立后，企业变成国有或集体所有，工人们真正实现了当家做主的梦想。1990 年后国企改革，社会阶层开始出现分化，私营企业主、农民工等新群体出现。最近几年，生产力发展到一定阶段，在全球化浪潮下，整个经济结构发生了重大变革，技术改变着生产与生活，一大批大学毕业生或未毕业的"90 后"、国企和私企的高管等不再满足于现状，他们想通过科技把自己的创新创意转化为产品并将其生意化，以实现自己的创业梦想。无论是财富的爆发式增长，还是对人生价值的自我实现，在追逐梦想的过程中，创新创意创业成了一种可操作的路径，并成为人们新的人生情感体验和生活方式。

相较于我们的父辈——蓝领工人，作为创新创业主力军的创客是如此的不同。他们不再习惯于朝九晚五的上班模式，不再满足于月月固定的薪水，也不再忍受一成不变的工作内容。他们不像父辈那样，为了"几块钱"而多加几个小时的班、多熬几夜。时代不同了，对于这群新人，如果他们自己不想干，绝不会委屈自己、勉强自己，兴趣与爱好是他们最大的驱动力。物质当然也很重要，但生活在物质相对富裕的今天，他们更想要的是把自己的想法变为现实、把自己的创意变为产品。在这个过程中，他们实现财富的同时，也改变着世界、实现着自我价值。

事实上，创客作为一个新社会群体与传统蓝领有着很大的不同，更注重非经济属性。传统的阶层和阶级理论（马克思主义理论）主要用财产、资本和生产资料的所有权来谈论社会群体，于是形成了资产阶级与无产阶级、资本家与工人等相对立的群体，主要使用拥有和控制生产资料的资本家与雇佣工人这一基本分析框架。然而有关创客群体的研究"跳出"了这样的框架。主要是因为知识信息时代下生产资料形式与性质发生了变化，不再局限于单纯的土地、资金、劳动力和管理技术等，创新创意的能力和知识在知识经济时代扮演着越来越重要的作用。因此，我们选择从经济和社会文化两种属性来理解这个新社会群体。

事实也证明，作为创新创业主力军的创客在物质层面上是相对缺乏的，也不控制数量巨大的财产。他们的财产主要是自己的创新创意，是无形的。尽管无法看到与触摸到，但它确实蕴藏巨大的能量，可改变我们这个时代的生产和生活。

总之，一个不同于蓝领阶层也不同于白领阶层的新群体就这样诞生了。全国的数据很难准确计算，根据课题组对北京中关村创客的调查，数量估计不少于10万人，相当于美国一个小城市的人口规模。针对这样一个不断崛起且别具一格的新社会群体，理论界有必要对其加以关注与解释，如探究他们有哪些特征以及为什么会流动等。因此，我们根据对北京创客群体的问卷调查和个案访谈，主要从以下几个人口社会学特征，包括年龄、性别、受教育程度、政治面貌、婚姻状况、留学经历、户籍、职业类型、收入以及价值观情况等对这一群体进行了初步研究。

表1　创客群体调查样本基本情况 （$N = 1288$）

项目	类别	样本量	所占比例（%）
性别	男	702	54.5
	女	586	45.5

项目	类别	样本量	所占比例(%)
年龄	0~19岁	12	0.9
	20~29岁	752	58.6
	30~39岁	380	29.6
	40~49岁	92	7.2
	50~59岁	36	2.8
	60岁及以上	12	0.9
婚姻状况	未婚	696	55.6
	已婚	556	44.4
政治面貌	中共党员	240	19.0
	民主党派	36	2.8
	群众	988	78.2
受教育程度	高中及以下	100	7.8
	大专	180	14.0
	本科	720	56.1
	硕士	248	19.3
	博士及以上	36	2.8
留学经历	无	1144	92.6
	有	92	7.4

注:部分数据存在缺失值。

(一)男性创客数量高于女性,青年创客是该群体的主力军

从性别来看,男性创客数量高于女性,但女性的比例也不算低,二者比例约为1.2:1。从这组数据可以看出,相较于传统社会来说,创客崛起与创客运动可给女性提供更多机会来展现自己才华、实现自身价值。课题组关于创客的个案访谈也说明了这一点,尤其是在一些互联网教育与智能生活领域,女性从业者的比例比较高,这说明了女性在以创客为主的创新创业活动中扮演着越来越重要的角色。

从年龄结构来看,创客群体多集中在20~29岁,可见,青年是创客群体的主力军。超过30岁以后,创客者数量开始下降,30~39岁的创客数量占被调查人数的约30%。当然,创客群体中不乏年龄较小者(19岁及以下)和年迈者(60岁及以上),他们在整个群体中也占有一定比例。

（二）单身创客人数居多，党员身份的创客占到约两成

从婚姻状况来看，未婚状态的创客数量居多，并高于已婚人数约 10 个百分点。根据后期的访谈，部分未婚者表示，很大程度上是因为刚从学校出来（毕业）就投入创新创业活动中，比较忙且接触圈子比较小，婚姻被暂时搁置起来。

从政治面貌来看，身份为普通群众的创客人数比较多，远远高于中共党员、民主党派等身份的创客数，具体为群众创客占 78.2%，而民主党派创客占 2.8%，中共党员创客占 19.0%。根据个案访谈，在创新创业团队或孵化器里，身份为中共党员的创客大部分不能找到党组织依靠，党组织关系多处于碎片化状态。因此，相关党务工作机构如何在这一领域设立党的组织，来加强党的方针政策对该群体的影响，是值得考虑的问题。

（三）本科学历的创客人数最多，2/3 创客无北京户籍

从受教育程度来看，具有本科学历的创客人数最多，占被调查对象的 56.1%，其次是研究生学历群体，博士创客人数较少。从留学背景来看，具有海外留学经历的创客人数远远低于本土高校毕业的创客人数，二者的比例约为 12.5:1。由此可见，教育与海外留学背景并不是人们选择作为创客的最主要原因。

从户籍类型来看，京籍的创客人数并不多，而大部分创客是非京籍，二者的比例约为 3:7。从城乡来源看，来自小城市的创客稍多，而家乡在大城市和农村的比例基本相同，均占被调查总数的约 1/3。

表 2　创客群体的城乡户籍分布情况（$N = 1288$）

项目	类别	样本量	所占比例(%)
户籍	京籍	372	28.9
	非京籍	916	71.1
城乡来源	乡镇	424	32.9
	小城市	452	35.1
	大城市	412	32.0

（四）高收入的创客人数较少，1/3处于低收入水平

从经济状况来看，收入在5万~10万元的创客人数最多，占总人数的约1/3，"5万元以下"和"10万~15万元"的创客人数各占了约1/5。高收入的创客人数比较少。根据个案访谈资料显示，很多创客仍处在创业初期，即投入阶段，他们自己并不挣钱，这意味着有一部分创客是没有收入的。另外，8.2%的创客处于高收入水平，这里的高收入是指年薪大于30万元。这也说明创客群体所在的公司中，有一部分经营状况还是非常不错的。根据个案访谈，这种高收入的创客多分布在智能硬件、机器人与3D打印领域。

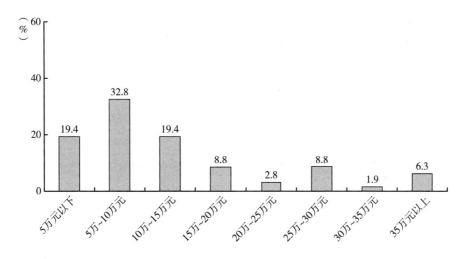

图1 创客群体收入分布情况

注：收入5万元统计在"5万~10万元"中，收入10万元统计在"10万~15万元"中，以此类推。

（五）房租是主要支出项目，青年创客多数是"月光族"

从支出情况来看，房租几乎占据了创客支出中的一半，基本上约等于食品支出和娱乐休闲支出的总和。访谈资料显示，许多创客对北京租房价格高有不少的"意见"。比如，有创客表示，在中关村附近租一个10平方米左右的房间一个月租金就达到2000多元，对从事创新创业的创客来说，确实挺

"郁闷"。有的甚至表示，这影响了他们的创业激情，一有机会他们就会考虑"逃离"北京，去深圳和上海创业。部分创客还认为，诸如杭州、南京、成都等大城市的创业环境不比北京差，如果短时间内自身状况还没有改善的可能性，就会考虑去其他城市发展。另外，除了房租支出，他们的食品支出每月是 1724.52 元，休闲娱乐支出每月是 1029.34 元，学习培训支出每月是 627.66元，每月总支出超过 6000 元。这说明北京创客群体的生活成本是比较高的，尤其是对年青的创客来说，大多数处于"月月亏空""囊中羞涩"的状态。

表3　创客群体平均每月支出情况

单位：元

类型	平均值
每月房租支出	2699. 29
每月食品支出	1724. 52
每月娱乐休闲支出	1029. 34
每月学习培训支出	627. 66
合　计	6080. 81

（六）合作、创新、包容的价值观念比较受创客们青睐

从信仰类型来看，社会主义核心价值观是创客群众主流的意识形态，除此之外，合作与创新的价值观念同样受该群体青睐。根据个案访谈资料显示，这种新的信仰形式在创客群体中比较普遍，他们更重视合作与创新的价值理念。有部分创客表示，在创新创业团队中，几乎没有绝对的权威，更没有传统科层制下的管理模式，而更多的是一种基于"平等"的互动沟通模式，经常会出现一些"争执"与"冲突"，好的建议很快会被吸纳，体现了一种绝对主义的"包容气质"。研究还发现，具有宗教信仰的创客人数并不多，仅占调查总人数的 4.5%。这也说明，传统宗教在该群体中影响并不大，反而是合作、创新、平等等价值观念的影响变得越来越明显。

表 4 创客群体的信仰情况

排序	类型	频次（次）	百分比（%）
1	社会主义核心价值观	1180	43.1
2	合作与创新	524	19.2
3	科学与理性	432	15.8
4	共产主义	260	9.5
5	正统宗教（如基督教、天主教、佛教等）	124	4.5
6	什么都不信	132	4.8
7	只相信自己	84	3.1

注：本项为多选题，所以表中显示频次累计超过总样本数。

从价值观来看，传统价值观影响力衰微，新价值观影响力开始增强。传统价值观主要包括传统主义、实用主义、国家主义和民族主义等内容，而这些价值观在创客群体中的影响越来越小。反而，诸如睦邻友善主义、合作主义、平等主义和自我表达等新价值观正在对创客行为产生较大的影响。其中，睦邻友善和合作在所有的价值观里最为典型，共占调查总人数的35.7%。根据个案访谈材料显示，该群体往往对传统的价值观表示出比较"不在乎"的态度，他们普遍认为，传统价值观太强反而不利于他们创意想法的实现。总之，从创客群体来看，价值观正在从传统观念向新价值观转变，从国家主义等向注重个人合作创新的价值倾向转变。

表 5 创客群体的价值观情况

序号	类型	频次（次）	百分比（%）
1	睦邻友善主义	864	19.2
2	合作主义	740	16.5
3	实用主义	548	12.2
4	超凡魅力	544	12.1
5	自我表达	424	9.4
6	平等主义	316	7.0
7	国家主义	276	6.1
8	创新主义	192	4.3
9	展示与张扬	172	3.8
10	民族主义	122	2.7
11	传统主义	120	2.7
12	时尚主义	92	2.0
13	正式与严谨	80	1.8

注：本项为多选题，所以表中显示频次累计超过总样本数。

（七）个人兴趣是创客群体在工作过程中非常看重的要素

调查数据显示，在工作中，创客最为看重的是"收入待遇/福利保障"，比例为22.4%。排在第二的是个人兴趣爱好，比例为18.4%。这与创客本身热衷于创意、设计、制造的特点有着紧密关联。排在第三的则是"职位高低/公司前景"，比例为17.7%。排在之后的分别是"工作内容的刺激性与挑战性"（比例为12.3%）、"工作弹性与灵活性"（比例为9.2%）、"办公环境的宽松与舒适"（比例为8.7%）、职业声望（可指职业在社会上的认可度，比例为5%），排在最后的是"同事认同"，比例为4.4%。这组数据说明了，相较于其他选项，同事的认同与否对创客来说，并不十分重要，他们更看重的是兴趣爱好以及能否相互协作共同完成一项创新工作或项目。

表6 创客群体的工作喜好分析

序号	类型	频次（次）	百分比（%）
1	收入待遇/福利保障	205	22.4
2	个人兴趣爱好	169	18.4
3	职位高低/公司前景	162	17.7
4	工作内容刺激性与挑战性	113	12.3
5	工作弹性与灵活性	84	9.2
6	办公环境宽松与舒适	80	8.7
7	职业声望	46	5.0
8	同事认同	40	4.4
9	其他	18	2.0

（八）看电影是创客群体最喜爱的休闲娱乐活动

为了了解创客群体的休闲娱乐情况，问卷中设置了"选出自己最喜欢的休闲娱乐设施与活动"这一问题，结果显示，第一层次——电影院、特色餐馆、公园，被选百分比在30%以上；第二层次——大型商场/超市、健身房、书店、图书馆，被选百分比在20%~30%；第三层次——咖啡馆、兴趣沙龙俱乐部、博物馆、艺术馆与剧院、大型体育设施，被选百分比在10%~20%；第四层次——酒店/夜店/KTV及其他，被选百分比在10%以下。

相对于聚会、联谊等大型团体社交活动，看电影、下餐馆和逛公园以及逛大型商场/超市往往属于小团体活动，而这种小团体往往包含一种亲密关系。在高速流动的社会中，大型团体活动由于需要花费更多的时间和精力，而且流动性较强，因此从时间成本等方面来考虑，有些创客将其称为"无效社交"。相对而言，看电影等小型团体活动由于规模较小，人与人之间往往是一对一的形式，更有利于彼此的深入交流，而且能在交往的过程中获得较为真挚的情感反馈。这种形式的交往能够在很大程度上弥补现代人之间的冷漠关系，同时能促使个人在这种关系中获得情感支持和社会认同。

调查还发现，去健身房的创客人数要比去大型体育设施的人多，这是两种不同的锻炼身体方式，健身房偏重于个人而且设施齐全，能够最大限度地满足个人锻炼需求。相反大型体育设施往往是赛事活动的举办场所，因此更偏重兴趣团体型集会，而与兴趣相关的沙龙选择的人不多，也从侧面印证了这个问题，而且虽然命名为大型体育设施，可其中能满足个人个性需求的项目往往不多。

选择去书店和图书馆的人较多，说明创客在工作之余还是很注重知识提升与更新的，这也与创客整体的学历结构有关。在整个调查对象中，本科及以上学历的人占到样本总量的78.2%。而选择去艺术馆与剧院和博物馆的人则相对较少，这些地方的专业性更强，对大多数人来说并不能达到消遣娱乐的目的。另外，酒吧、夜店和KTV等消遣场所是创客不感兴趣的地方。

三 创客群体的发展需求分析

发展需求影响个体行为，也会反映到个体的城市流动抉择上。这样的论点其实可以在经典的理论中找到根源。比较宏观的理论可以在马克思、恩格斯的历史唯物主义中发现，即物质资料的生产决定着生产关系与社会关系。较为微观的理论可以在心理学家亚伯拉罕·马斯洛需求层次理论中

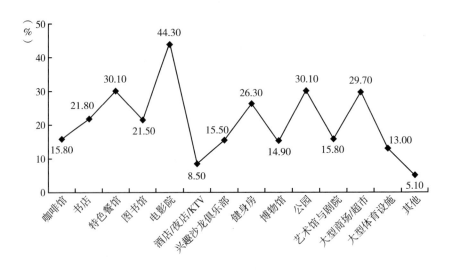

图2　创客群体休闲娱乐情况

找到相似的内容，尤其是马斯洛对需求的满足与人类行为激励的关系的论述。事实上，一个国家多数人的需要层次结构，是同这个国家的经济发展水平、科技发展水平、文化和人民受教育程度紧密关联的。沿着这样的理论逻辑，本课题选择创客群体，集中讨论该群体的发展需求与城市流动抉择的关系。

根据已有的文献研究和前期对创客的访谈，再加上创客群体自身的特点，我们对创客群体的发展需求分析基本上按照两大类进行。第一大类包括经济性诉求、生产类诉求和工作环境诉求，涉及工作收入、行业发展情况、创新创意的生产工具以及技术工作坊等，由于这一类需求基本上与物质有关，我们把其定义为经济性与生产类发展需求。第二大类包括文化性诉求、生活类诉求和学习提升类诉求，涉及包容性、文化氛围、公共服务、社交、运动健身、休闲娱乐以及参观学习活动等，由于这一类需求主要与文化精神有关，我们把其定义为文化性与生活类发展需求。

为了测量这两大类需求的具体情况，我们在问卷中设置了一些具体的选项，被调查对象可以根据自身情况对这些内容做出选择。通过他们的选择结果，我们可以大致了解创客的发展需求情况（具体情况见表7）。

表7　创客群体发展需求类型频次表

单位：次

		序号	类型	频次
经济性与生产类发展需求	经济性诉求	21	收入水平的提高	450
		22	更多的工作机会	120
		23	更好的行业发展前景	650
	生产类诉求	12	新能源汽车	40
		14	天使投资	312
		15	拥有技术工作坊	160
		19	利于创新/创意的生产工具	510
	工作环境诉求	1	手机/微信/WiFi/VPN	540
		2	零食/咖啡/爆米花/T恤	132
		13	创客/创意空间	112
		20	公共空间	76
文化性与生活类发展需求	文化性诉求	24	包容性	370
		25	文化氛围浓厚	120
		18	自由的生活方式	332
		6	社交/聚会/走亲访友	232
		9	受到尊重/认可	208
		10	才能发挥/价值自我实现	212
	生活类诉求	3	泡吧/卡拉ok/看电影	220
		4	健康/性生活/睡眠	326
		5	跑步/健身/户外运动	320
		7	绿色环保/有机食品	301
		8	安全环境/稳定生活	80
		26	便利设施	670
	学习提升类诉求	11	上MBA/国学/相关课程	52
		16	参观硅谷等创新中心	56
		17	结识创业导师与同行交流	540
		27	沙龙俱乐部活动	120
		28	其他	25

注：本项为多选题，所以表中显示频次累计超过总样本数。

（一）行业发展前景是创客最为在乎的经济性诉求

问卷数据显示，在个体发展需求的所有选项中，"更好的行业发展前景"的被选率最高，频次高达 650 次。也就是说，在 1288 个被调查对象中，有一半以上的创客认为行业发展前景对他们最为重要，而不是收入多少与工作机会。这与传统的认知有所差异。传统的观点认为，收入多少等金钱方面的获得是个体发展过程中最为重要的需要。然而对创客群体来说，收入多少尽管依然很重要，频次达到 450 次，但他们更看重本行业的发展前景。另外，他们对"更多的工作机会"也并不十分在乎。个案访谈资料也表明了这一点，创客比较在意其所从事的行业与领域的未来前景，尤其是对智能生活与 3D 打印等领域比较看好。这个结论的启示就是，创造一种朝气蓬勃的行业前景才是吸引和留住创客等高级人力资本的城市政策秘诀。

（二）创新生产工具是创客群体普遍关注的诉求

从生产类诉求来看，"利于创新/创意的生产工具"是创客群体普遍的需求，频次达到 510 次，远远高于"新能源汽车"（40 次）、"天使投资"（312 次）以及"拥有技术工作坊"（160 次）。传统观点认为，创客可能更在乎的是获得"天使投资"。但本次问卷数据显示，天使投资对创客发展需求固然重要，但对掌握创新生产工具的强调更不容忽视。事实上，除了必备原材料外，创客占有和掌握大量的生产工具，这些工具包括机械类、软件类和电子类等。比如开源软件等工具的普及与推广，让个人对生产工具的获得与掌握变得极为容易，这也是数字化革命浪潮的开始。这些生产工具的分享与开放，为普通人参与创新发明提供了有利条件。在个案访谈中，有部分创客就明确表示，创新生产工具比资本本身更为重要。

（三）手机/微信/WiFi/VPN 已成为创客工作环境中的必需品

从工作环境来看，手机/微信/WiFi/VPN 等已经成为创客群体的必需品。事实上，不仅在工作环境，在其他场合下，创客也离不开这些。这一特点与其他社会群体，比如年轻的大学生群体也较为相似。这说明智能手机和微信等已经成为现代生活的基本组成部分。在访谈过程中，有部分创客表示，他们不可能在没有互联网和 WiFi 的环境下工作，因为缺少了这些，就等于与世界断绝了联系，内心有种莫名的不安全感。除此之外，创客群体的性格特征显得比较"自由散漫"（free-style），为了配合这种"自由散漫"，他们在工作环境中往往会放置些零食、咖啡、爆米花以及个性化设计的 T 恤等，以此来彰显他们的内心世界与精神追求。

（四）包容性环境与自由的生活方式备受创客青睐

创客群体的文化诉求集中反映在他们对包容性环境与价值观的诉求上。根据问卷数据显示，从文化性诉求方面来看，在构建的众多选项中，"包容性"的频次最高，达到 370 次；其次是"自由的生活方式"，达到 332 次。事实上，包容性的环境和自由的生活方式有着紧密的联系，只有在包容性的环境里，自由的生活方式才可能成为现实。这与创客的性格特点也有关，创客往往是一群"能动爱造"的年轻人。他们把创造看作一种"玩"的过程，他们追求放松、惬意、自由。他们不但要动手，还要动脑，更乐于分享。用他们的话来说就是，当越来越多的人加入创客时，世界将会因"玩"而改变。对这样一群人来说，包容性和自由的生活方式对其创新创造非常重要。

（五）生活文化设施是创客较为重要的生活需求

从生活类诉求来看，生活文化设施（"便利设施"）对创客们的生活发挥着重要作用，其频次高达 670 次。这些便利设施包括生活类便利设施和文化类设施，前者包括超市、特色餐馆、咖啡馆、书店、酒吧、电影院等，这些设施的共同特点是能够给生活带来舒适性和便利性。后者包括博物馆、艺术馆、公园以及艺术广场等，这些设施能够给个体带来美学的享受。在个案访谈中，有创客表示，便利设施极大地满足了他们对生活便利性、舒适性和美学的需求。制造、设计与 DIY 比较耗费体力和脑力，这些便利设施能够给创客带来极大的愉悦感和放松感，有利于他们提升创新创意品质。除此之外，创客们在健康/性生活/睡眠、跑步/健身/户外运动以及绿色环保/有机食品方面的需求也较为明显，频次均超过 300 次。

（六）结识创业导师与同行交流是创客普遍关注的内容

从学习提升类诉求来看，创客比较重视"结识创业导师与同行交流"

的机会，这也是提升个人发展能力的重要途径。这一选项被选中的频次高达 540 次。这说明创客群体中有很大一部分希望从事创业活动，即把自己的创意变为产品，再把产品进行"生意化"。这也反映了目前全国掀起的创新创业活动热潮对创客自身发展的影响。在个案访谈中，有部分创客认为，能够把自己的创造发明或 DIY 产品投入创业活动中，甚至开办属于自己的公司，是他们最大的心愿。传统观点认为，创客可能只注重设计或制造过程的"自我乐趣"，而非赢利或创业。通过数据来看，创客最初的动机已经慢慢出现了改变。这也提醒我们，需要创造更多的平台和机会给创客，让他们接触更多的导师与同行，而不是"闭门造车"和"自得其乐"。

（七）对文化性与生活类需求总体上比较明显

正如前文分析的那样，创客群体的发展需求主要分为两大类：一是经济性与生产类发展需求，二是文化性与生活类发展需求。问卷数据显示，创客对两大类内容需求都比较大。这说明创客在当下的创新创业活动中，并没有获得特别有利的环境条件，一些创新创业活动还受到很多限制。另外，相较于经济性与生产类发展需求，创客对文化性与生活类发展需求也表现出明显的偏好，二者总频次分别为 3102 和 4159。这说明创客群体在文化生活方面的需求空间比较大。

四　创客群体的流动机制分析

（一）关于创客群体城市流动研究问题的提出

什么因素影响着诸如创客等高级人力资本的城市流动选择？传统的答案是收入高低、工作机会、行业发展以及生产工具等经济性与生产类因素。但是近十几年的欧美学术研究文献中，越来越多的学者开始意识到，经济与生产因素在城市增长中慢慢失去主导作用（Glaeser, 2001；Clark, 2010）。与此同时，北京、上海和广州等大城市生活成本逐年升高（尤其是房价上涨导致生活成本提升)、失业率越来越严重,但城市本身在聚集人力资源方面的吸引力没有下降,反而越来越强。

如果是经济性与生产类因素左右着人口流动的话,那么大城市生活成本变高、失业率上升等因素就会影响人口向大城市流动聚集的速度与强度。但现实中大城市对人口吸引聚集的能力反而越来越强。这也说明,传统的经济逻辑已经很难对此现象(人口流动)做出充分的解释。最近几年,国内学者对大学毕业生城市流动的研究也说明了这一新现象。工作机会、生活成本等经济因素也许并不是左右年轻人城市流动选择的首要因素(吴志明、马秀莲,2015)。

事实上,在过去30多年间,欧美城市人口增长经历了"文化转向"(cultural shift),收入多少等经济性因素开始让位于文化性与生活类因素。创客群体等高级人力资本城市选择为人口流动赋予更多的文化意义。作为创新创业主力军的创客,在大城市中迅速崛起,他们也是人口流动中最为活跃的群体。他们的城市流动抉择将直接影响城市经济社会的发展动力和方向。本部分对该群体城市流动机制进行探讨,希望研究所得能为当下城市吸引人才、提升人力资本水平提供一定的借鉴。

(二)人口流动影响因素的文献梳理与研究假设

城市增长的经典理论分析可以追溯到马克思和韦伯。他们二人均认为,城市增长是区域经济和工业化发展的结果。马克思曾指出,机器大生产引发了生产方式的变革,农业社会向工业社会转变,资本主义制度才得以确立,而城市则从封建社会以土地所有制和农业为基础的区域逐渐演变为资本集中和雇佣劳动力聚集的区域或国家中心。随着后工业社会来临,经济因素在推动城市增长方面的作用开始降低,甚至逐渐失去主导作用。芝加哥大学城市社会学教授特里·克拉克(Terry Clark)最近十年对美国城市的研究也说明了这一点。他特别强调,城市增长的传统模式已经过时(Clark,2002)。

与此同时,在最近几十年城市增长文献中,城市经济的增长已经不是简单的城市化过程,更多的是强调人口增长的动力。这一城市增长理论的主要逻辑是：人力资源的空间分布是由每个个体自由偏好选择的结果，这种偏好选择更多地强调城市空间质量，而其中比较重要的是城市提供的包容性文化、生活方式和自我表达氛围等。不同人群对不同种类的生活体验做出选择，影响着城市流动聚集，从而带来了城市不同的增长模式。因此，那些能够吸引高级人力资本聚集的城市就能够获得较快的经济增长，因为这些流入的高级人力资本是经济增长的发动机（吴志明、马秀莲，2015）。

事实上，纵观西方百年关于城市（人口）增长理论文献，其研究取向大致分为两种：一是传统模式，工业化生产与经济发展推动城市增长，经济物质因素主导人口流动；二是新模式，文化和生活方式推动城市增长，文化因素影响人口流动。

传统模式可回溯到马克思与韦伯那里，强调工业化推动城市增长，工作机会、收入和生活成本等经济性因素是个体迁移的决定性因素。在此基础上，形成了以经济诉求为主的工业增长理论。同时，与经济诉求相对应的个体区位选择，更多地表现出工业园区的空间概念，因为这里聚焦了为数众多的工厂或企业，能够提供大量的工作岗位，而这里的社会纽带是通过协调基于生产方式结成的不同群体的利益而形成的。这样的研究理路在中国也有所体现。如有学者借助西方理论框架分析中国人口流动的原因，把城市人口增长聚焦到城乡之间的"推力"和"拉力"上，认为城市比农村有着更多就业机会和相对较高的收入，从而影响人们的流动（李强，2003）。

城市增长的新模式流行在最近十年的城市研究中，可概括为三个主要流派。

一是理查德·佛罗里达（Richard Florida）的创意阶层理论。佛罗里达认为，吸引和留住创意阶层（creative class）等高级人力资本是城市经济增长的基础动力。他指出，创意人才的出现可以增加城市创新能力，而创新能力可以推动城市创新经济的增长，特别是高新技术与信息产业部门的增长与扩张。接着，他进一步指出，城市增长的基础动力来源于技术（technology）、人才（talents）和宽容（tolerance）的环境，即"3T"理论。他特别强调，在新经济社会形态下，创意阶层人才聚焦到一起能够产生大量的社会性互动和文化创造，能够营造出一种独特的环境氛围，从而推动城市增长。在他看来，一个城市只有具备了这三方面的资源才能够不断增长，才能够在众多的城市竞争中制胜。事实上，他给城市增长指出了另一条路径，即城市的发展与吸引、留住诸如创意阶层等高级人力资本的能力关联性越来越强，并且成为城市发展的新路径。

二是爱德华·格莱泽（Edward Glaeser）等学者强调的自然气候和社会技术进步对人力资本的聚集作用。格莱泽认为，自然气候环境和技术是城市增长最为重要的两个因素。有的人比较偏爱热一点的地区，如加利福尼亚海滩，有的人比较喜欢寒冷一点的地区，如风城芝加哥。无论是热的地区，还是冷的地区，只要是比较适合居住的，就会聚集到更多的人力资本。人力资本的到来会推动整个城市生活质量的提高，那么，城市就会出现一个以"消费"为导向的增长模式。另外，知识经济的发展、全球化和创新网络的构建已经把传统城市变成了"智慧城市"，而智慧城市用科技与沟通给市民带来更多的竞争、创新观念和学习机会，从而使人口城市流动聚集现象更加明显。

三是特里·克拉克（Terry N. Clark）等学者提出了作为娱乐机器（entertainment machine）的城市理论。他们认为，人力资本城市增长模式是不完整的。原因有二：其一，这种模式没有回答"人力资本最初在哪里聚集以及为什么在那里聚集"的问题；其二，人力资本强调的人口增长，主要是指创意阶层等，事实上公共环境对不同的社会阶层都会产生影响（Clark，2002）。克拉克等学者进一步指出，有些公共物品如干净的空气、适宜的气候等会影响到城市里居住的每一个人。创意阶层可能更喜欢城市的多样性和包容性，而有些人群则更喜欢城市的同质性，认为相同文化的城市社区更有利于孩子教育且更加安全等。老年人群体更倾向于气温适宜和山水清秀的自然环境，而年轻人更倾向于酒吧、书店、咖啡馆、博物馆等设施与区域。因此，不同的公共环境对不同的人群具有不同的吸引力。

后来，克拉克和丹尼尔（Daniel Silver）又发展出场景理论（the theory of scenes）来解释新增长模式。场景理论认为，文化的概念太过宽泛。城市文化是指传统高雅的戏剧，还是世俗文化？是莎士比亚的戏剧、经典的交响乐，还是地方的、真实性的普通市民活动？是前卫的艺术展、先进的剧场和奇怪的建筑，还是街道涂鸦文化、农场普通生活，抑或是自行车道路、简单手工艺？在这么多的争议中，对本地区来说，应该发展哪一种文化呢？更不用说不同肤色、不同种族、不同阶层和不同性别的人等对文化的偏好是不一样的。场景理论综合了劳动力、生产和消费来解释城市增长，这样就可避免单方面解释所产生的偏见。场景就是一种社会空间，是生活文化设施（amenities）等的集合，强调各种社会性互动和文化创造等带来的都市生活方式体验，也正是这些因素对人口流动产生影响。

场景把消费组织成有意义的社会实体，不是简单地研究消费，而是研究消费的社会结构。城市不是简单提供货物的地方，而是提供公共环境并将其组合转化成有意义的生活文化体验的地方。因此，我们可以探索不同消费者对城市公共环境的差异性追求。只有这样，我们才能发现城市环境、城市文化作为场景在发展与地区增长中的作用。场景理论还强调，只有消费者觉得有价值的环境他们才会去体验消费，消费者对不同时空的环境做出的反映是有差异的。因此，城市对流动者来说，是一个复合体，流动者不会单方面考虑城市的某一个特点，而是结合自身情况与城市的综合特性来做出流动抉择。不同的流动者在城市选择中会表现出不同的倾向和偏好（Clark，2010；吴志明、马秀莲，2015）。

在城市增长新模式的三种流派基础上，本研究将进一步探讨公共环境与服务、文化创造/休闲娱乐、包容性以及社会性互动等以消费为导向的都市生活方式和文化对人口流动的影响。为区别于工业化生产的经济因素对人口流动聚集的作用，我们把这种新因素归结为文化因素。本研究将初步检验最近10年在美国社会日益流行的新城市增长模式在中国是否已经出现，以及新增长模式对中国目前的城市增长发展有怎样的借鉴意义。

基于以上分析，本研究将通过实证分析的方式探索以下四个问题。

Q1：经济因素在创客城市流动选择中是否已失去主导作用？除经济因素之外，还有哪些因素对该群体流动选择产生影响？

Q2：众多的影响流动选择的因素，在不同类型的创客之间是否存在差异以及存在怎样的差异？

Q3：欧美社会日益流行的"文化转向"现象是否在中国大城市已经出现？

Q4：在城市（人口）增长理论模式方面，中国是否有自己（本土化）的特点？

（三）概念界定与变量操作化

1. 核心概念界定

本部分讨论涉及两个核心概念：其一，创客群体是指哪些人；其二，流动机制是指什么。针对第一个概念，"创客"一词来源于英文单词"maker"，是指出于兴趣与爱好，努力把各种创意转变为现实的人。创客作为热衷于创意、设计、制造的群体，在创新 2.0 时代最有意愿、活力、热情和能力为自己也为全体人类创建一种更美好的生活。在中国，"创客"与"大众创业，万众创新"联系在一起，特指具有创新理念并自主创业的人。他们利用科技把创意创新转化为产品，并将产品"生意化"。他们多从事一些新兴产业，如电子商务、互联网教育与本地生活智能化 APP 开发等。他们大部分具有很高的文化程度，还有一部分具有海外留学经历，甚至有一部分是大企业高管。他们是 21 世纪以来产生的高级人力资本的重要组成部分。

针对第二个概念，流动机制是指城市流动选择的驱动力，即什么因素驱动着创客群体选择某个城市而非其他地方。本研究以北京为例，探究该群体为什么在北京聚集而非其他城市。

2. 变量操作化

根据已有研究文献，城市流动的影响因素有很多种，最传统的是经济因素，如"收入情况"和"工作机会"等，这也是学术界经常讨论的问题。除此之外，还有文化范畴。根据前文所讨论的主题，以及已有文献中的论述，本研究从众多因素选取了包容性、文化氛围、自由的生活方式、公共服务和沙龙俱乐部等。

如果把创客群体流动选择意愿作为因变量，那么经济和文化等诸要素就是影响流动选择的自变量。为了测量这些自变量对因变量的影响，本研究构建了一个流动选择动力量表，如表 8 所示。

表8 创客群体居留意愿影响因素测量

城市居留意愿影响因素	同意=5分	一般=3分	不同意=1分
1 收入比较高是影响我留京意愿的主要原因			
2 工作机会多是影响我留京意愿的主要原因			
3 行业发展氛围好是影响我留京意愿的主要原因			
4 城市包容性强是影响我留京意愿的主要原因			
5 文化氛围较多是影响我留京意愿的主要原因			
6 自由的生活方式是影响我留京意愿的主要原因			
7 优质的公共服务与产品是影响我留京意愿的主要原因			
8 沙龙俱乐部与活动多是影响我留京意愿的主要原因			

如表8所示，本文构建的八个选项都有三个备选答案："同意"、"一般"和"不同意"。按照正向思维的方式，这些备选答案分别赋分为5分、3分和1分。例如，对于"收入比较高是影响我留京意愿的主要原因"，如果被调查者选择"同意"，赋值5分，选择"一般"，赋值3分，选择"不同意"，赋值1分。其他选项以此类推。这样就构建出一个关于流动动力的测量量表。

这张测量表既包括影响流动选择的传统因素，如收入、工作机会等，也包括影响流动选择的新动力，如包容性、文化氛围、生活方式、公共服务等。相较于传统观点所主诉的经济维度，本研究对流动动力的探索更加"多维"与"立体"，不仅包括经济因素，还包括文化因素。

对因变量的设定，在问卷中，我们用"假如现状不变，您会选择在北京长期居住吗?"来测量，备选答案为"是"＝1和"否"＝0，属于二分类变量，命名为"居留意愿"。

根据研究文献、研究假设以及前文描述性分析，本文对创客群体城市流动选择的影响因素进行分类，归结与提炼出以下八个自变量，一个因变量：

因变量：y—居留意愿。

自变量：x_1—收入情况， x_2—工作机会， x_3—行业发展，
x_4—包容性， x_5—文化氛围， x_6—生活方式，
x_7—公共服务， x_8—沙龙俱乐部。

3. 分析逻辑与方法

首先，本部分利用流动选择影响因素量表进行频次统计与分数统计，计算各因素的均值（平均得分），比较均值大小，得出各个因素对流动选择影响程度的初步结论。其次，采用统计模型 Logistic 回归进行参数估计，对初步结论进一步分析检验。作为因变量的"居留意愿"是二分类变量，作为自变量的诸要素经量表转化为连续性变量（量表打分），符合模型要求。基本原理如下。

Logistic 回归属于概率型非线性回归，假设在自变量 x_1，x_2，$x_3 \cdots x_n$ 作用下，某事件发生的概率为 p，则该事件不发生的概率就为 $1-p$，发生概率与不发生概率之比为 $\frac{p}{1-p}$，记作"Ω"，对 Ω 取自然对数，即得 Logistic 函数。

$$\text{Logit}(p) = \ln(\text{odds}) = \ln\left(\frac{p}{1-p}\right) \tag{1}$$

（1）为 p 的 Logit 变换，则 Logistic 回归模型为：

$$\text{Logit}(p) = \ln\left(\frac{p}{1-p}\right) = \beta_0 + \beta_1 x_1 + \beta_2 x_2 + \cdots + \beta_n x_n \tag{2}$$

在公式中，β_0 为常数项，β_1、β_2、$\beta_3 \cdots \beta_n$ 为回归系数，误差项是随机变量，均值为零，方差存在。当 p 在 $\{1, 0\}$ 变化时，对应的 Logit（p）在 $\{+\infty, -\infty\}$ 变化。根据该回归模型原理，本文构建出创业者流动选择的"动力模型"。假如在现状不变情况下创业者选择北京长期居住的概率为 p，影响因素有 n 个，x_1，x_2，$x_3 \cdots x_n$，这 n 个影响因素的线性组合为：

$$y = a + \sum_{i=1}^{m} b_i x_i + \varepsilon \tag{3}$$

Logistic 多元非线性回归方程为：

$$p = \frac{\exp y}{1 + \exp y} = \frac{1}{1 + \exp(-y)} \tag{4}$$

据此，创客群体城市流动选择的动力预测模型为：

$$p = \frac{\mathrm{exp}y}{1 + \mathrm{exp}y} = \frac{1}{1 + \mathrm{exp}[-(\alpha + \sum\limits_{i=1}^{8} \beta_i x_i)]} \tag{5}$$

（四）实证分析

本部分主要借助定量分析方法，对创客群体城市流动机制进行探索性分析，不仅探讨已有文献中的"经济因素"，而且展现出一些新的维度，即文化性与生活类动力因素，力求使人口流动动力的解释更加立体多维。

1. 流动选择影响因素的量表均值比较分析

正是基于以上目的，本部分首先对影响流动选择的因素进行均值排序，依据是被调查者在"流动选择动力量表"上的得分平均数，计算方法为：M（均值）＝（p 频次 × F 单项分值）/p 该项总频次。

结果显示，"行业发展"（10.78 分）是创新创业者选择在北京长期居住的最重要原因，其次是这座城市给他们提供的"工作机会"（10.42 分）。相较于行业发展和工作机会，"收入情况"（7.84 分）对流动选择的影响并不明显。这说明，创新创业者对当下收入的多少并不"太在意"，他们更看重的是北京提供的行业发展氛围和工作机会。

从这个角度来看，"收入情况"这个经济因素已不是创客群体等高级人力资本城市流动选择的最重要原因或主导因素，收入情况对流动选择的重要性已经减弱。相较于收入情况，该群体更看重的是城市提供的行业发展氛围与前景，以及这个地区能够提供工作机会的多寡，如北京高校密集从而提供了大量的 IT 人才、营造了很好的行业发展氛围，也提供了很多新兴的工作机会。

除此之外，城市的"包容性"（8.01 分）对创客群体来说也非常重要，对该群体的流动选择也产生了较大影响。同时，城市可提供的"公共服务"（7.89）和"生活方式"（7.26 分）对创新创业群体具有较强吸引力。比如北京就拥有优质教育医疗资源，以及独具魅力的生活体验。这说明这些非经济性的因素对高级人力资本城市聚集也发挥着重要作用，并且这种作用会日益显著。

表9　影响北京创新创业者流动选择因素测量分值比较

单位：分

排序	影响因素	平均得分	排序	影响因素	平均得分
x_1	收入情况	7.84	x_5	文化氛围	6.68
x_2	工作机会	10.42	x_6	生活方式	7.26
x_3	行业发展	10.78	x_7	公共服务	7.89
x_4	包容性	8.01	x_8	沙龙俱乐部	6.29

注：$N=1288$，表中得分按照同意 =5、一般 =3、不同意 =1、没选 =0 分别赋值，然后根据公式"M 均值 =（"同意"频次 × "同意"赋值 + "一般"频次 × "一般"赋值 + "不同意"频次 × "不同意"赋值）/总频次，计算出该选项得分，作为创业者流动选择影响因素得分，代表其对流动选择的影响程度。

除了整体情况，本研究还探究了如下问题：这样的流动属性在创客群体内部是否存在差异？比如一个创客团队中，核心创客和边缘创客之间角色功能不同，人力资本的高低也不同，他们在城市流动选择动力上有什么不同或差异呢？

事实上一个创客（创新创业）团队一般由两种类型的人员组成：核心创客（合伙人）和边缘创客（普通员工）。根据我们的调研，无论是 15 人左右的团队，还是 5 人左右的团队，都有一个或几个核心成员，他们往往是整个项目的发起人或合伙人，在整个创业过程中处于核心地位，本研究把这种在创新创业过程中处在中心位置的员工标记为"核心创客"，代表核心创新创业人力资本。与此相反，其他处于非核心位置或边缘地位的就是普通员工，代表着边缘创新创业人力资本。两种不同的人力资本所拥有的创新创业能力也不同。根据访谈可知，核心创客的创新创业能力与欲望要高于边缘创客。在城市流动选择方面，两种类型的人力资本也存在较大差异。

研究发现，在城市抉择影响因素方面，核心创客（合伙人）更看重"收入情况"（12.39 分），边缘创客（普通员工）更看重"工作机会"（10.43 分）和"行业发展"（10.77 分）。这说明，对普通员工来说，职业发展空间要比目前收入多少更为重要，另外，能够找到一份工作也是非常重要的。相较于行业发展和工作机会，收入（目前赚钱多少）的重要性并不是那么明显。相反，对核心创客来说，当下赚多少钱反而更为重要，其重要程度超过了行业发展与工作机会（见表10）。

除此之外，城市包容性对核心创客和边缘创客的吸引力也存在较大差异。"包容性"对核心创客吸引力比较强，均值达到了 8.85 分，但对边缘创客的吸引力较弱，均值仅为 3.52 分。这说明城市包容性对核心创客人力资本更具有魅力或吸引力；相反对边缘创客人力资本来说，包容性并没有那么大的影响力。

另外，在"公共服务"、"俱乐部沙龙"和"文化氛围"方面，核心创客所得分值均高于边缘创客，但都相差不大。这说明，城市可提供的公共服务多少与质量对核心创客流动选择产生的作用大于边缘创客，但差异不大。

对创客群体来说，"收入情况"这个经济因素在影响该群体流动选择方面的主导作用减弱。对核心创客来说，尽管赚钱对他们仍具有很大吸引力，但工作机会和行业发展氛围也同样不能忽视。另外，边缘创客更在乎的是这个城市能否给其提供工作机会和未来的职业发展空间，而非当下赚多少钱。在其他影响因素方面二者并没有显著差异。

表 10   不同创新创业人力资本类型的流动选择影响因素比较

单位：分

影响因素	得分	
	核心创客（合伙人）	边缘创客（普通员工）
收 入 情 况	12.39	7.23
工 作 机 会	10.34	10.43
行 业 发 展	10.76	10.77
包 容 性	8.85	3.52
文 化 氛 围	6.73	6.63
生 活 方 式	7.02	7.36
公 共 服 务	8.12	7.78
沙 龙 俱 乐 部	6.71	6.15

注：$N = 1284$，核心创客 = 328 人，边缘创客 = 956 人，表中得分按照同意 = 5、一般 = 3、不同意 = 1、没选 = 0 分别赋值，然后根据公式"均值 = （"同意"频次 × "同意"赋值 + "一般"频次 × "一般"赋值 + "不同意"频次 × "不同意"赋值）/总频次计算出该选项得分，作为创业者流动选择影响因素得分。

总之，通过对创客群体及其内部不同类型影响因素进行分析，本研究初步得出结论，收入情况这样的经济因素在影响创客群体流动选择上已经不再扮演主导性的作用；与收入相比，该群体（尤其是边缘创客人力资本）更看重的是城市或地区能够营造的行业发展氛围与前景。除此之外，城市的包容性、文化氛围、生活方式以及可提供的公共服务等都对该群体的流动选择产生显著作用。

2. 流动选择影响因素的 Logistic 回归参数估计

为分析所得出的关于创客群体城市流动选择影响因素的初步结论是否成立呢？本部分利用 PASW Statistics 23 对其进行参数估计，主要运用了 Logistic 回归模型。在进行参数估计之前，本研究对八个自变量做了共线性检验（因为各自变量间可能存在一定程度的线性依存关系，即多重共线性，这种多重共线性关系常常会增大估计参数的均方误差和标准误，从而引起回归模型拟合上的矛盾及不合理）。结果显示，本研究的八个自变量之间并不存在多重共线性问题。

PASW Statistics 23 参数估计的结果见表 11。线性回归方程为：

$$y = -2.774 + 0.059x_1 + 0.088x_2 + 0.027x_3 + 0.177x_4$$
$$+ 0.163x_5 + 0.003x_6 + 0.140x_7 + 0.044x_8$$

Logistic 回归模型为：

$$p = [1 + \exp(2.774 - 0.059x_1 - 0.088x_2 - 0.027x_3 - 0.177x_4$$
$$- 0.163x_5 - 0.003x_6 - 0.140x_7 - 0.044x_8)]^{-1}$$

表 11　创新创业者流动选择影响因素 Logistic 回归与参数估计

		B	标准误差 S. E.	瓦尔德 Wald	自由度 df	显著性 Sig.	exp(B)
	收　　入	0.059	0.088	0.438	1	0.508	1.060
	工 作 机 会	0.088	0.109	0.647	1	0.421	1.091
	行 业 发 展	0.027	0.109	0.063	1	0.802	1.028
	包　容　性	0.177	0.103	2.913	1	0.088	1.193
步骤 1	文 化 氛 围	0.163	0.106	2.360	1	0.125	1.177
	生 活 方 式	0.003	0.108	0.001	1	0.979	0.997
	公 共 服 务	0.140	0.109	1.652	1	0.199	1.151
	沙 龙 俱 乐 部	0.044	0.104	0.178	1	0.673	1.045
	常　　量	-2.774	0.609	20.739	1	0.000	0.062

* $p < 0.05$。

根据 Omnibus Tests 和 Classification Tablea 可知，Chi-square 为 12.991（$p < 0.001$），这说明该模型显著性明显。通过判别分析，模型预测结果的准确率为 63.4%。从统计学的角度来看，此次的参数估计是比较有效的。

表 12　模型系数的 Omnibus Tests

		卡方 Chi-square	自由度 df	显著性水平 Sig.
步骤 1	步骤 Step	29.736	8	.000
	块 Block	29.736	8	.000
	模型 Model	29.736	8	.000

表 13　分类表ªClassification Table

			预测		
实测 Observed			居留意愿		正确百分比
			0	1	Percentage Correct
步骤 1	居留意愿	0	548	172	76.1
		1	296	264	47.1
	总体百分比				63.4

a 分界值为 500。

由预测模型可知各因素与流动选择的相关关系。在八个自变量中，除了 x_6 系数是负值，其他七个选项都是正值，与城市流动选择呈正相关关系，即城市能够提供更好的这些因素，创客群体更容易流入与聚集。x_6 为负数且取值较小，说明生活方式对该群体流动选择影响不大。

另外，由预测模型还可以发现，各个因素对流动选择变动的贡献。从各变量的系数来看，包容性、文化氛围、公共服务三个变量的系数最大，说明它们对创客群体城市流动选择的影响很大，其中城市包容性影响最大，其次是文化氛围与公共服务。收入情况、工作机会、行业发展等自变量的系数较小，对该群体流动选择影响也就弱。这组数据说明，经济因素并不是创客群体等高级人力资本流动选择的主导性原因，相反，城市本身的包容性、文化氛围、公共服务以及强调社会性互动的沙龙俱乐部等非经济性因素发挥了主要作用。如果把收入情况作为经济因素的典型代表，那么相较于经济因素，文化因素更容易吸引聚集到创客等人力资本群体。因此，"经济因素开始在流动选择中失去主导作用"的假设基本成立，这种城市增长的新现象在中国超大城市（比如北京）已经出现。

五　兼与上海、深圳的比较

为了进一步了解创客群体发展需求和城市流动在大城市之间的差异，课题组选择上海和深圳的部分创客进行了半结构式访谈。如前文谈论的那样，半结构式访谈并没有严格的标准，会根据研究议题鼓励被访者"畅所欲言"，说出最真实或最贴合被访者内心世界的东西。对于调查对象的数量，本研究认为并不是越多越好，关键是看彼此之间的差异。有学者曾指出，调查多少个人毫无意义，唯一的价值在于最终发现了多少种不同的情况；差异越多越好，越大越好；到没有新信息出现的时候，调查就可以终止，这时候访谈信息也基本上达到"饱和"程度。

根据半结构式访谈的原则，本研究主要围绕"请列出对自己重要的发展需求有哪些"和"为什么会选择上海（深圳）而非其他城市工作（科技创新创业）"两个问题展开。前一个问题探讨发展需求，后一个问题探讨流动机制。在访谈中，我们鼓励被访者畅所欲言，并不特意限定被访者说话的时间，也不预设访谈对象的个数。整个访谈主要以面谈和网络视频的形式进行。受访者年龄为 22～45 岁，上海与深圳的访谈对象共有 45 个，主要分布在智能硬件、本地生活服务、互联网教育、企业在线服务等领域。

（一）发展需求的比较分析

1. 不同之处

从总的发展需求来看，北京创客更关注文化性诉求，显得比较有"情怀"。比如访谈时很多创客表示，在进行创新创业或设计制造时，更在意个人价值的自我实现和因新产品诞生而获得的成就感，而不仅仅是金钱方面带来的快乐。相反，上海创客普遍关注的是经济性诉求。大部分访谈对象表示，希望通过自己的创造发明或创新创业活动获得财富的爆发式增长。相较于北京和上海来说，深圳的创客更在意生产类诉求。比如许多创客表示比较关心是否拥有技术工作坊以及所掌握的先进的生产工具是否高效等问题。

从事智能电子吉他制造的北京创客张先生认为："从事这个工作（创客工作）就是基于兴趣爱好。从小学就比较喜欢吉他，父母给报了辅导班，很快就掌握了技巧，也参加了一些比赛。后来发现，现实中还有很多喜欢吉他的孩子，不过他们没有钱聘请老师或上吉他专业课程……我就想，能不能自己创造设计智能吉他，让更多的人接触这种乐器，让更多的人享受音乐带来的美好。每当想到这个，就感觉充满了动力。"

从事3D打印的工程师（上海创客）彭先生认为："就目前的情况来看，对个人发展最需要的东西，就是提升一下薪酬水平，比如多发些奖金，或者公司早日上市分红，这样也有工作动力。其实，我从事创客这个事情，主要还是希望通过自己的设计和发明专利赚到大钱，实现个人财富得到快速增长。"

从事软件开发的深圳创客苏小姐认为："掌握了生产工具就掌握了一切，这是我们深圳创客的座右铭。所以，从事创客这么多年，一直在思考怎么把自己的生产工作做到一流，无论再好的创意创新，都得依靠在地生产，生产工具很重要。因此，我们的需求就是不断地革新自己的生产工具，在国内保持一流的水准，总之，我们在意的就是生产工具和技术的改进与提升。"

2. 相同之处

总的来说，北京、上海和深圳的创客在发展需求方面具有较高的一致性。我们对访谈资料进行了整理分类，并按照需求关注度对创客发展需求进行了简要的归类。三地创客提到次数较多的需求，我们把其定义为"普遍需求"，提到较少的定义为"较少需求"，处在二者之间的定义为"一般需求"。个案访谈资料显示，处于普遍需求的有利于创新/创意的生产工具、更好的行业发展前景、便利设施、结识创业导师与同行交流、自由的生活方式。这五项内容是北京、上海和深圳创客群体共同关注的普遍需求。这也提醒我们，在吸引与聚集创客等高级人力资本方面，无论城市之间有多大差异，但至少在这五个方面有较大的相似性，因此，城市吸引人才的政策可以在这些方面做一些调整和完善。这也印证了前面定量研究所得到的初步结论。

（二）流动机制的比较分析

就城市本身来说，北京、上海、深圳这三座城市有着显著的区别。上海和深圳属于商业立市，商业氛围比较好，特别讲究商业道德、互惠互利和实用性；而北京属于政治立市，政治文化比较浓厚，政策性比较强，"自上而下"的公共服务资源供给也比较丰富。这些特点也反映到创客群体的发展需求与城市流动机制上。

相较于上海与深圳，北京创客群体在谈论城市流动抉择时涉及比较多的是优质的公共服务和产品。他们认为，北京丰富的教育和医疗资源是自己考虑"去留"的很重要因素。在他们看来，北京众多的"985"和"211"高校以及顶级的研究所，为创新创业输送了大量的优秀人才。对创新创业公司来说，一些重要岗位的稀缺工程师在其他城市很难找到，但在北京就不一样了，不但人力资本丰富而且使用成本相对比较低。这对创业型的创客比较重要。

上海的创客群体在谈论城市流动选择中经常会谈到"包容性"。他们认为，上海"海纳百川"的精神与气质对很多创客来说都很有吸引力，尤其是对海归创客。其中，从事企业在线服务的海归软件工程师吴先生就表示，"当初决定回国发展时，之所以在一线城市中选择上海，就是因为这座城市最为'包容'，在包容的环境和氛围中，很多创业与创新就变得更加容易。除此之外，上海是中国内地城市中最为'洋气'的城市，欧美社会流行的一些创新理念和创新技术很快就会在这里传播，极易被大家所接受。这对创客拓宽眼界和接触国际先进技术非常有好处"。

深圳的创客谈论城市流动选择时经常会谈到生产效率和使创意变为产品的硬件支撑能力。他们认为，再好的创意也要落到现实产品上来，深圳拥有很完备的生产和装备生态链，全国各地很多创客的创意与设计都是借用这里的生产线变为成品的。在课题组的个案访谈中也发现了这样的例子。比如，在北京中关村创业大街做智能电子吉他的创客，发现在北京批量生产这种吉他的费用很高，而且时间长，但在深圳，由于拥有完备的生产工具，智能电子吉他的量产就成为可能。因此，相较于北京和上海，深圳对创客城市流动选择比较有吸引力的就是这里完备的生产装备生态链，这使个人制造变得更加简单容易。

总之，如前文所讨论的那样，经济因素和文化因素总体上对北京、上海和深圳的创客来说都很重要，其中文化因素对该群体的城市流动选择影响发挥着越来越重要的作用。这一点和前面定量部分分析的结论保持了一致性。

（三）创客空间的比较分析

从 2010 年李大维在上海创办中国第一个创客空间——"新车间"开始，创客概念进入中国。经过几年的发展，中国的创客主要集中在北京、上海、深圳三个城市，且各有特点。北京积累了众多的顶尖技术人才，同时高校云集也让北京拥有丰富的艺术和设计人才资源，这里的创客更具跨界协同创新以及创业精神，更多地在追求跨界中寻找价值；上海是国内第一个成立创客空间的城市，这里的创客把创造当作一种兴趣爱好；深圳可以让创客完成从产品研发到做出样品，再到批量生产的整个过程，是国内创客产业链最完整的一座城市。

1. 北京创客空间现状

作为中国互联网中心，北京积累了大量的软件工程师人才，同时高校云集，拥有丰富的艺术和设计人才资源，这为创客跨界融合创新提供了可能性。此外，北京创投资本密集，为创客空间成果转化和产业化开启了方便之门。北京创客空间涵盖开源硬件、3D 打印、可穿戴设备、机器人等领域，专注设计和原型制作，偏向前端研发。北京还有硬创帮、北京 IC 咖啡、创研工坊等专注智能家居、可穿戴设备、集成电路、物联网设备的智能硬件创客空间，以及清华创客空间、北京大学创客空间、中国农业大学创客空间等高校组织成立的创客空间。除了实体创客空间外，还有北京众创空间联盟等创客空间服务组织，可以为成员提供包括投融资、制造加工、市场营销、终端消费、教育培训、创业导师推荐等在内的专项服务。

2. 上海创客空间现状

上海的工程、艺术类高校云集，国际化程度高，创客活跃。上海"新车间"是中国第一家创客空间，之后又陆续成立了蘑菇云创客空间、上海 IC 咖啡、蚂蚁创客空间、上海创客中心、博济创客邦、AC117 等创客空间。除"新车间"外，上海的创客空间规模普遍较小，领域涵盖智能机器人、生态农场、智能家居等方面。此外，上海还拥有苏河汇、鸣新坊等天使投资机构及小小创客等创客教育组织，并成立了有近 40 家创业服务组织的上海众创空间联盟。上海市政府发布了"创业浦江行动计划"，计划于 2020 年将上海打造成全球创客最佳实践城市：集聚 20 万人创业，创业企业超过 3000 家，形成 100 个创新联盟。

3. 深圳创客空间现状

深圳是当之无愧的创客天堂。深圳集聚了包括柴火创客空间、开放制造空间（Tech Space）、深圳 DIY 社区（SZDIY）、开源创客坊、豆芽创客空间、艺术创客园地（AMG）、天空创客联盟、中科院创客学院等十余家创客空间。深圳的创客空间分为三种类型：一是面向市场的，如柴火创客空间；二是不以营利为目的、面向草根的，如开放制造空间；三是更接近创客文化本源，单纯为了兴趣爱好的，如深圳 DIY 社区。深圳创客空间的火爆，源于其优良的创业土壤、火热的创业氛围。深圳拥有全球最完整的电子制造产业链，创客在这里可以完成从"创意到原型—原型到成品—成品小批量生产"的整个过程。在设计领域，深圳是全球八个经联合国教科文组织认定的"设计之都"之一，在工业设计、艺术设计等领域处于全国乃至全球领先水平。

六 讨论与结论

高级人力资本向大城市流动聚集是当代中国社会的普遍现象，作为创新创业主力军的创客群体，是这种高级人力资本的重要组成部分。尤其是随着"大众创业、万众创新"浪潮的来临，这种人力资本的城市流动聚集更加明显。这种趋势直接影响着大城市的增长方式和未来竞争力。

传统观点认为，收入和就业机会等经济性因素在高级人力资本城市流动选择中起着关键作用。但本研究通过对北京创客群体的研究发现，实际并不完全如此。单纯的经济因素并不是该群体向大城市流动聚集的唯一动力，甚至不是主要因素。相反，诸如城市包容性、文化氛围、公共服务、生活方式、沙龙俱乐部以及追求自我价值的实现等文化因素在流动选择中发挥着重要作用，并且这种作用越来越明显。

这也印证了本研究假设 Q1 和 Q3 的合理性。单纯经济因素在诸如创客等高级人力资本群体流动选择中并不是主导性因素，文化方面的因素也发挥了重要作用。同时，欧美社会最近十几年所日益流行的"文化转向"现象已经开始在中国超大城市中出现，至少在北京已经显现。相较于传统的城市增长模式，诸如创客等高级人力资本流入与聚集到北京，将会改变和重塑一种新的城市发展模式。这种新的发展模式对中国其他的大城市有着很强的现实指导意义。

除此之外，在影响流动选择的因素中，除了西方学术界强调的诸如包容性、文化氛围以及生活方式体验等"文化"因素外，本研究还发现了公共服务与沙龙俱乐部等"社会性"因素对城市流动的影响。这与中国人独有的文化价值观、习俗和历史制度等有关。本研究认为，正是这些新因素丰富了城市流动动力的内容，使流动选择影响因素分析更加"立体"，在解释力上更加多维，更加贴近人们实际的城市流动抉择。这也证明了研究假设 Q4，创客这个群体的城市流动确实存在中国独有的、本土化的特点。该群体对公共服务和社会性互动的需求恐怕是城市政策议程不得不考虑的议题。

总之，最近十几年欧美发达国家日益流行的"文化转向"尽管对中国诸如创客等高级人力资本的流动选择具有一定的解释力，但还不够充分。中国人独有的文化熏陶、历史背景和现实制度等，使他们在人力资本城市流动方面表现出本土化的特色。这与中国区域发展极其不平衡、城乡与城市内部的二元结构不无关系。因此，如果说"文化转向"在中国超大城市已经出现，倒不如说"社会文化转向"已经显现，这样更贴近中国高级人力资本的流动逻辑。

最后，本研究对政策实践的意义在于提出提高城市人力资本水平是城市发展的一种不错的选择。如何吸引、聚集与涵养年轻的、创新型的高级人力资本是城市未来竞争制胜的关键。本文呈现的创客群体城市流动选择的影响因素，对城市吸引聚集人才、提高人力资本水平，有很强的现实指导意义。

当然，本研仍存在诸多不足。无论笔者多么努力进行研究设计与收集数据，无论多么小心地处理访谈资料，仍然存在不足。主要表现在对流动选择的文化机制并没有进行更全面且深入的细分。另外，现实中除了这八种被发现的逻辑外，是否还存在其他因素对流动发挥着很重要的影响呢？对于这个问题，由于经费与人力限制，本研究并没有很好呈现，希望今后的跟踪研究在这方面进行弥补。

参考文献

丹尼尔·贝尔，1997，《后工业时代》，新华出版社。

佛罗里达，2010，《创意阶层的崛起》，中信出版社。

李强，2003，《影响中国城乡流动人口的推力与拉力因素分析》，《中国社会科学》第5期。

马克思、恩格斯，2009，《马克思恩格斯文集》第8卷，人民出版社。

吴军，《文化动力：一种解释城市发展与转型的新思维》，《北京行政学院学报》第4期。

吴军，2014，《城市社会学研究前沿：场景理论评述》，《社会学评论》第1期。

吴军，2014，《大城市发展的新行动战略：消费城市》，《学术界》第2期。

吴志明、马秀莲，2015，《流动的三种文化逻辑：解读高校毕业生大城市聚集》，《中国青年研究》第5期。

吴志攀，2015，《"大众创业 万众创新"的局面何以形成——对北京大学部分青年校友创业情况的观察与初步分析》，《北京大学学报》（哲学社会科学版）第3期。

郑也夫，2007，《后物欲时代的来临》，上海人民出版社。

Clark，Terry，2010，*The City as an Entertainment Machine*，Boston，MA：Jai/Elsevie.

Clark，Terry，2002，"Amenities Drive Urban Growth"，*Journal of Urban Affairs*，24（5）.

Glaeser，2001，"Consumer City"，*Journal of Economic Geography*，1.

Wu，Cary，2016，"Moving from Urban Sociology to the Sociology of the City"，*The American Sociologist*，47.

从有产者游戏到互联网劳工

——论共享经济的商业模式

张　锋*

摘　要：

随着移动互联网、第三方支付、云计算等技术的不断普及，加之闲置资源比重增加、政策支持等因素，共享经济模式飞速发展。本文通过研究共享经济的不同商业模式，从生产与消费两个领域入手将共享经济归纳为 P2P、C2B、B2C、B2B 四种模式。同时从中国网约车新规及美国加州劳动委员会对共享资源提供者与第三方平台构成劳动关系的认定出发，得出共享经济 P2P 模式会逐步转向同一系统的 B2C 模式，在不涉及所有权转移的情况下"产品服务系统"只能以 B2C 形式存在，"人人帮助人人"的 P2P 极难实现。

关键词：

共享经济　互联网　劳动关系

一　问题的提出

随着信息技术尤其是移动互联网技术的成熟，"互联网＋"在各行各业产生了革命性的影响。在这样的背景下，共享经济的理念蓬勃发展。点对点租车租房、基于社交网络的商品共享和服务交易等新型业务模式层出不穷。据普华永道预测，到 2025 年底，全球共享经济产值可以达到 3350 亿美元，

---

* 张锋，北京市委党校社会学硕士研究生。

对比 2014 年 12 月 150 亿美元的估值，全球共享经济市场年均增长率达到 36.4%，产业规模和发展潜力巨大。共享经济浪潮已经来临。

但这种新型商业模式的发展并非一帆风顺。以 Uber 为例，虽然其市场估值已近 600 亿美元，但截至 2015 年 5 月，韩国、德国、英国、法国、西班牙、泰国、印度和加拿大等 14 个国家政府对其发出了禁令，其发源地所在的美国的部分城市也对 Uber 的合法性产生怀疑。"共享经济"类公司在全球上百个城市既产生了巨大的市场价值，又带来了激烈的监管冲突。如何发展共享经济，如何使共享经济与监管体制相协调，还有待进一步的探索。

在中国，不断推进的供给侧改革要求经济发展方式做出转变，2014 年，李克强总理发出"大众创业，万众创新"的号召，在"腾笼换鸟，凤凰涅槃"的思想指导下，中国政府对"共享经济"类公司一直较为宽容，积极探索共享经济的规制路径。2016 年的政府工作报告曾提到"促进分享经济发展""支持分享经济发展"，可以看到共享经济在中国整体经济格局中发挥着日益重要的作用。在要不要发展共享经济的问题解决后，如何发展共享经济成为当下亟须解决的现实问题，这就要求我们对共享经济有更深层次的了解和认识。本文将研究焦点聚焦在共享经济的内部结构上，希望通过探讨不同类型下共享经济公司的发展情况，来探索一条既能保证市场活力又能稳定市场秩序的符合中国实际的发展之路。

二 共享经济研究文献综述

（一）共享经济的起源与概念

共享（share）是指将物品使用权或信息知情权与他人共同享有。其概念由来已久，但直到最近 30 年才将共享与经济模式结合起来。共享经济①的起源最早可以追溯到 20 世纪 70 年代中期马丁·威茨曼提出的分享经济理

---

① 当前与共享经济（shared economy）内涵相似的概念还包括"协同消费"（collaborative consumption）、"分享经济"（shared economy）、"对等经济"（peer economy）、"网格"（mesh）等，这里视其内涵相同。

论，他认为这种新型经济制度可调整企业内部权益关系并替代现有的工资制度。而 Joe Spaeth 和 Marcus Felson 提出的协同消费（collaborative consumption）则强调所有权的转移，指出通过合作可降低成本，获得更大收益。传统共享经济理论局限于消费领域，32 年后，Rachel Botsman 和 Roo Rogers 在其新书《我的就是你的》中将共享经济拓展到协同生产领域。

伴随着移动互联网与共享经济模式结合所引发的化学反应，当前共享经济的概念同以往略有不同。Nadle 强调共享经济与分享观念的不同，认为共享建立在闲置资源交易之上，目的是以此获利，而分享是纯粹（pure sharing）的，不带有营利倾向。他认为共享经济的特点在于搜索及交易成本的减少与便利性的增加。Rachel Botsman 和 Roo Rogers 对合作消费进行定义，认为合作消费是在信息技术驱动下，空间、技能、车辆等资产能够凭借新平台进行共享与交换的新的社会与经济系统，这些新的系统使以前难以得到或者不方便得到的资产变得更加容易获取。其特点在于成本降低与盈利能力提高，并提供一种消费体验。Gansky（2010）提出聚联网概念，指出共享经济是以网络为基础构建的共享平台，商品售出的是使用权而非所有权，这使同一商品的"多次出售"成为现实。Schor 提出共享经济存在三大特征：陌生人间的共享、依赖数字技术、高文化资本消费者的参与。国内学者当前达成的共识是将分享经济视为新型产权关系，并强调共享经济具有两个主要特点，分别为以使用权代替所有权、同时利用闲置资源。

共享经济在近些年被视为一种普遍的经济形态得以迅猛发展是多种因素综合作用的结果。不同学者也给出了不同领域的解释，综合看来主要有三方面的原因。一是信息技术尤其是移动互联网技术的发展是共享经济得以迅速发展的技术条件，包括建立虚拟社区、LBS（定位）技术、第三方信任机制、云计算等。二是消费观念的变迁。利己主义（这里指消费者降低支出或增大收益的主观意识）逐步盛行，所有权意识降低。三是价值观的转化，节能减排、绿色消费的概念深入人心。还有部分学者强调了外部环境变化的影响，如资源的过剩与闲置、经济发展进入新常态、供给侧改革的推动等（郑志来，2016）。

（二）共享经济的商业模式

商业模式的概念初步兴起于20世纪末，通常用来形容一个组织如何运营并为股东创造价值。Osterwalder认为商业模式包含电子商务、信息系统（IS）、电脑科学、战略管理四个核心领域。当前商业模式概念通常被视为一种管理工具，由企业战略的私营部分和社会企业发展的公众部分融合而成。商业模式具有结构性与动态性双重特征，伴随着新技术推力、竞争压力、市场机会拉力的共同作用不断创新。

本文将采用从外到内、从理论到实际的逻辑线，从三方面对共享经济的商业模式进行划定。首先是从电子商务角度判断共享经济属于哪一种类，其次从理论层面回顾几种主流的共享经济商业模式，最后对共享经济进行划分。

根据交易主体，即企业（business）、消费者（consumer）和政府（government）来对电子商务进行划分，其类型见表1。

表1　根据交易主体划分的电子商务类型

名称	内容	典型案例
B2B	企业与企业间电子商务	阿里巴巴
B2C	企业与消费者间电子商务	京东商城、苏宁易购
C2C	消费者间电子商务	淘宝、易趣
B2G	企业与政府间电子商务	企业电子通关、电子报税等
C2G	个人与政府间电子商务	政府网上采购，个人网上报关、报税

资料来源：引自谭晓林等《电子商务模式的分类、应用及其创新》，《经济技术》2010年第29期。

2010年8月Trial Pay的CEO AlexRampell提出O2O这一概念。O2O（online to offline）将互联网与线下商业机会相结合，让网上平台成为线下交易的前台窗口，换句话说就是用线上网络营销和线上实体购买，带动线下实体经营和本地消费的模式。从"四流"分析视角看O2O的运作模式，商业流与服务流通过线下完成，而信息流与资金流则通过线上实现，也是符合共享经济的商业模式的。

共享经济内部商业模式的划分标准包括市场结构、产品（服务）类型、所有权情况等。具体来看主要有"二分法""三分法""四分法""矩阵分类法"四种。

二分法是指将网格（mesh）分为两类。一是"所有网格"（full mesh）模式，指资产所有权为企业，通过信息技术降低成本、拓宽市场来扩大收益。二是"分享网格"（own-to-mesh）模式，指通过第三方信息平台，将资产所有者与消费者相连，从而降低成本、提高资源利用率的模式（Gansky, 2010）。

三分法是由 Botsman & Rogers（2011）提出的分类方法。第一类是再分配市场（redistribution markets），指利用互联网使闲置物品所有权从某人（或某地）处转移至所需人群处。第二类是产品服务系统（product service systems），指参与者通过支付一定报酬获取产品的使用权。第三类是协作型生活方式（collaborative lifestyles），指通过建立第三方平台进行共享和交换非实物资源。

四分法是指 Botsman 根据服务对象不同做出的分类，分别为分享消费、分享生产、分享学习、分享金融四大类。

矩阵分类法是指 Schor 和 Fitzmaurice（2014）通过共享目的将共享现象划分为四类：一是商品再流通；二是提升耐用资产利用率；三是服务交换；四是生产性资产共享。在此基础上，Schor 将共享平台解构为"市场导向"和"市场结构"两个维度，并将前者划分为营利和非营利，后者划分为个人—个人（P2P）和企业—个人（B2P）两种类型。

表 2　Schor 矩阵分类法

		市场结构（organization）	
		个人—个人（P2P）	企业—个人（B2P）
市场导向（market orientation）	非营利（non-profit）	P2P非营利型 如Time Banks （时间银行）	B2P非营利性 如Makerspace （自造者空间）
	营利（for-profit）	P2P营利型 如Airbnb （爱彼迎）	B2P营利性 如Zipcar

　　国内学者在本领域的研究多为继承以上四种分类方法。杨帅指出共享模式类似于"设备租赁"，其新颖之处在于强调对闲置资产的利用，同时将"所有权"引入消费领域。共享模式提高了买方地位，基本实现了买卖双方的关系对等与能力均衡。因此共享模式的研究不能仅聚焦在消费领域。本文认为共享经济的类型划分不能忽视生产领域的过剩产能共享，因此在充分理解上述分类方法的基础上，本文吸收各种方法的优点，基于主体差异及共享经济概念边界，提出以下框架。首先将共享经济划定为狭义共享经济及广义共享经济，狭义共享经济指的是消费领域闲暇价值共享，广义共享经济还将包括生产领域的过剩产能共享。其次将行为主体划分为个人（不单指消费者）与企业两个维度。除此之外，还参考 Botsman 和 Roo Rogers（2011）的三分法，将所有权概念引入其中。考虑到无形商品的所有权并未发生转移，因此将第三种分类协作型生活方式并入第二种产品服务系统。同时，为了弥补三分法未能关注到生产领域的产能共享的不足，新设第三类"过剩产能共享"。两种分类方法结合情况见图1。

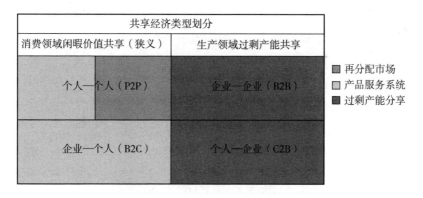

图1　共享经济类型划分

　　狭义共享经济包括 P2P 与 B2C 两种模式。P2P 模式是指个人闲置资产（技能）通过信息平台进行共享（售卖）以求获利，内部包括所有权转让与使用权转让两种，前者如孔夫子旧书网、58 同城、eBay 等，后者如滴滴出行、Uber、Airbnb 等。P2P 模式的优点在于可以提高全社会的私人资产利用率，并建立新型社会关系，但也会面临保险、监管等难题。B2C 模式是指企业将资产（产品）利用互联网平台出租给个人，在这一过程中使用权发生转移，神州租车、Zipcar 是此类公司的代表。需要注意的是，由于我们在分类时将三分法原有"协作式生活方式"并入"产品服务系统"，因此这里视滴滴模式与神州租车为同等类型公司。B2C 模式可以提高企业设备与能力的利用率，其主要问题在于对成本有较高要求，同时还会受到传统消费观念的制约。

广义共享经济还包括生产领域的产能共享，包含 B2B 与 C2B 两种模式。B2B 是指企业过剩产能的分散利用，如阿里淘工厂、航天二院云制造等。其优势在于优化企业产能配置、满足市场需求、减少资源浪费，其主要问题在于无法实现信息的时效性与高匹配性。C2B 是指个人资产（技能、时间）通过第三方平台进行汇聚，如众筹、众包等。其优势在于企业可以降低管理成本，同时可以获得大量支持，但这种模式存在很强的不可控性。

综上，本文认为，共享经济是基于信息技术的发展通过信息平台以营利为目的实现闲置资源（包括有形产品与隐性技能）再利用的新型经济模式。可利用不同主体将共享经济划分为"P2P""B2C""B2B""C2B"四种模式，其主要特征在于利益驱动下谋求闲置资产再利用。上述分类方法中 P2P 模式因同时包含再分配市场与产品服务系统两个模块而略显特殊，其中"产品服务系统"是原有"协作型生活方式"的一部分。这里想要说明的逻辑是，随时间推移，"协作型生活方式"类共享经济有很大可能转变为"产品服务系统"，同时 P2P 中"产品服务系统"会逐步转变为 B2C 中的 B2C 模式。

三　共享经济内部变动分析

共享经济网络平台公司自诞生起就得到迅猛发展，一方面其范围不断扩大，从早期的住房、交通等领域渗透到金融、餐饮、空间、技能、保险等诸多领域，对人们生活产生重大影响。另一方面其增长极为迅速，成为资本投资热点。Uber 公司 2015 年估值为 600 亿美元，比 2014 年 188 亿美元估值增长 219%。2016 年 8 月 Uber 中国同滴滴出行达成合并交易，合并后新公司估值达 350 亿美元，相较合并前 165 亿美元估值增长 112%。除此之外，在不同领域共享经济也逐渐出现了 Uber（出行）、Airbnb（住房）、滴滴出行、Wework（办公）等龙头企业。

互联网时代下兴起的共享经济在不断扩张的同时内部结构也在悄然发生改变。Schor 和 Fitzmaurice（2014）曾指出共享经济的类型会从非营利性的 P2P 模式向营利性的 B2P 模式演化，现实也印证了这一判断。这里以出行领域滴滴出行为例，2016 年 11 月网约车新政的出台要求网约车公司承担承运人责任，应当保证运营安全，保障乘客合法权益。这代表网约车公司不再是一类不直接拥有固定资产，仅通过网络平台撮合交易以获取佣金的轻资产管理公司。美国 Uber 公司同样如此，早在 2013 年美国加州的 Uber 司机就开始诉诸法律要求认定其劳动者身份，随后不久，美国马萨诸塞州的 Uber 司机也在 2014 年提起了相似的诉讼，而 Uber 公司认为其司机的身份是独立承包商而非劳动者。在最近的一份行政裁决中，加利福尼亚州劳动行政长官认定 Uber 司机是劳动者，而非独立承包商，要求 Uber 赔偿司机的损失并认为 Uber 司机应该享受失业待遇。同样的判决也出现在俄勒冈州的劳动和产业关系局。

滴滴公司成立于 2012 年，发展极为迅速，2013 年，滴滴公司首先推出信息匹配功能，近 80% 的出租车加入滴滴，完成了出租车与乘客的连接。2014 年，滴滴公司正式开通专车、快车服务，旨在通过分享非专职司机的空余时间、闲置资源来实现"人人帮助人人"，解决高峰期叫车难的问题，随后又陆续推出了快车拼车、顺风车、跨城顺风车等业务。2017 年其企业估值达到 2270 亿元。随着业务的不断扩张，越来越多的司机加入滴滴，滴滴也在逐渐加强监管，先是取消司机抢单，转为平台派单，随后又对司机采用评分机制，评分越高收益越好。这个以"出行更美好"为口号的公司似乎越来越偏离了最初的方向。2017 年 5 月，北京网约车新政在结束 5 个月的过渡期后正式实施，至此，网约车公司的性质已然发生转变，由独立于司机与乘客之外的第三方信息平台转变为运用信息技术进行营运的出租车公司。网约车公司与承运人之间被规定为劳动关系。滴滴出行运营模式逐步自 P2P 模式转变为 B2C 模式。

这里引入另一家网约车公司——神州专车来进行对比。互联网约租车模式有两大类：第一类是以神州专车为代表的重资产模式网约车平台，车辆所有权归子公司神州租车，司机同样由第三方劳务公司提供，司机与公司间为典型的劳务关系；而第二类便是以滴滴出行为代表的轻资产模式下的网约租车平台。二者运营模式存在很大区别，重资产公司是典型的 B2C 模式，而滴滴出行在很大程度上是 P2P 模式的代表。

图2　重资产模式（B2C）网约车公司——神州专车模式

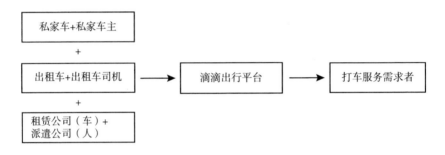

图3　轻资产模式（P2P）网约车公司——滴滴出行模式

对比滴滴出行前后变化，我们可以发现初期的分享经济主要有三个特点：一是共享的是使用权而并非所有权；二是资源费用较低，甚至免费；三是资源供给为闲置资源。但如今情况发生了转变：一是共享资源需要付费的比例不断提高；二是资源供给不仅仅局限于闲置资源的再利用，专业资源也开始进入市场；三是共享经济平台公司业务拓展迅速，不同端口相互融合，出现寡头倾向。而这其中最引人注意的也是促使共享平台转型的一点在于专业资源的进入。专业资源是指专职从事平台规定职业的人，如滴滴专职司机、Airbnb 专职房东等。大量滴滴专职司机的出现带来了一个全新的问题，即共享资源提供者与共享平台之间是劳务关系还是劳动关系。当二者为劳务关系时，共享平台运营模式为 P2P 模式，当二者为劳动关系时，其运营模式转变为 B2C 模式。

四　从有产者游戏到互联网劳工

中国网约车新规的落地以及美国加州劳动委员会的判决均认定共享平台与共享资源提供者之间为劳动关系。当然对于该认定学界依然存有一定质疑，如滴滴司机并不受滴滴平台的控制，不符合共享经济对闲置物品使用权进行交易来获得报酬的定义等，这里不予讨论。这里想讨论的是为什么专业资源会进入共享领域。这里提出一对概念："有产者游戏"与"互联网劳工"，分别代指以闲置资源进入市场和以专业资源进入市场的两类人。

（一）有产者游戏——闲置资源的进入

最早接受网约车的群体只是一小部分人，其特点在于消息灵通、敢于创新、乐于接受新鲜事物。早期车主往往具有一定的经济实力，对他们来说开车只是无聊生活的调剂品，此时的从业者就像在玩游戏，并没有期盼以此为生。而早期网约车用户端普遍受教程度较高，有正式工作，具有一定素养。回报理论认为，当付出得到回报时，回报的激励作用存在层级，而情感回报大于金钱回报。在这一阶段，司机与乘客对金钱并不在意，行驶途中交谈密切，甚至成为好友。这时所取得的情感回报大于金钱需求，车主仅仅为了消遣而已。

（二）金钱的诱惑与体系的膨胀——专业资源的涌入

随着第一批用户的稳定，共享经济公司必然会开拓市场，而在这一过程中同类型的公司往往会彼此整合。在抢占市场过程中公司会推出极为丰厚的补贴政策，如美团与饿了么的血拼、滴滴与快滴的厮杀、ofo与摩拜单车的明争暗斗。它们通过投入大量的资金，不断蚕食彼此市场份额，在几年内迅速膨胀，用户数量达到数千万甚至上亿。体系的迅速膨胀稀释了原有的社会群体，使群体边界不断扩大，在这一过程中带来的是司机与乘客情感关系的淡薄，转为利益关系在所难免。

补贴政策表面上看是公司出钱用户得利，但从不断爆出的"刷单"新闻可以看出，这样的补贴政策严重搅乱了市场秩序。司机的正常劳动所得并没有新闻中爆料的那么高，工作 8 小时收入为 300~400 元，但由于补贴政策的存在，每月收入过万元很正常，公司也设定了满单奖励来促使司机每天接一定数量的单。在如此丰厚的金钱回报下，越来越多的司机加入平台，成为平台名下的全职司机。而由于公司盈利是抽取每单费用的一定比例，自然很乐意看到越来越多的司机以自雇佣的形式加入。另外，随着"收益极高"的印象已形成，滚雪球效应下出现购车跑滴滴、租车跑滴滴的现象，在北京也出现了一些"滴滴村"。但随着市场逐渐稳定，烧钱的补贴政策不复存在，随着补贴政策不断下调，司机的收入也在下降，为了稳定收入，兼职的网约车司机越来越少，部分人放弃该行业，更多的人转为全职网约车司机。

除此之外，这样庞大的市场仅由几百人、几十人，甚至几人的互联网公司来进行管理，制定各种限制来防止市场秩序紊乱成为必然。由于平台对乘客的约束力近乎为零，加强管控集中在司机一端便在情理之中。此时的劳务关系已经开始向劳动关系转化。

（三）互联网劳工——同意的强化

恰如各大互联网公司所提出的口号，当前社会充斥着劳动改变命运的鸡汤，如"如果生活是苦逼的，至少梦想是牛逼的，全力以赴的你今天坐好一点""赚钱更自由，梦想在路上"。这种你要努力才能成功，你不成功是因为你还不够努力的逻辑确实鼓舞了很多人去工作。计件工资正是利用了人们的这一观念。每一单看得见的报酬，一个一个小目标的实现，都在督促人们努力工作。马克思主义社会学家迈克尔·布若威在其代表作《制造同意》中曾指出，工人自发的同意与资本主义微妙的强制二者的结合塑造了生产行为。内部劳动市场与内部国家的运作是"制造同意"的两大重要机制。通过该理论可以很好地解释"互联网劳工"——全职滴滴司机的出现。由于计件工资的收益是看得见的，多劳多得，很容易使司机们超额工作，在获得物质满足的同时收获精神满意，司机们忘记了自己是在给自己当老板，转而认为是被雇用于网约车平台。此时的司机实质上已成为资本家的劳工，其生产出来的大部分价值先给了资本家，而通过自己更多的努力，仅能分享一点点的剩余。

五 结论

共享经济的快速发展不仅给传统的经济模式带来了巨大的冲击，也对原有的制度、监管体系带来了全新的挑战。与此同时，共享经济自身也在不断进行转型。共享经济 P2P 模式会逐步转向同一系统的 B2C 模式。P2P 模式包含产品所有权转移的"再分配市场"以及不涉及所有权转移情况下的"产品服务系统"。研究发现，"产品服务系统"只能以 B2C 形式存在，随着劳动关系的确立以及资本的进一步运作，共享经济最初设想的"人人帮助人人"的 P2P 模式怕是极难实现，而其出路很可能就是涉及所有权转移的"再分配市场"模块。

参考文献

Botsman R. and Rogers R. 2011. *What's Mine is Yours：How Collaborative Consumption is Changing the Way We Live.* London：Collins.

Gansky L. *The Mesh：Why the Future of Business is Sharing.* Perguin，2010.

Schor J. B. and Fitzmaurice C. J. 2014. "Collaborating and Connecting：The Emergence of the Sharing Economy." *Handbook of Research on Sustainable Consumption*，26.

郑志来，2016，《供给侧视角下共享经济与新型商业模式研究》，《经济问题探索》第 6 期。

英国 PFI/PPP：政府并购、财政援助、合同终止和主要问题报告

〔英〕Dexter Whitfield（迪克斯特·惠特菲尔德）*

摘 要：

自 20 世纪 90 年代初，英国就成为 PFI/PPP，即私人融资计划/公私合作实践的全球领跑者，并用该模式实施了 800 多个基础设施和公共服务项目。项目覆盖经济基础设施及社会基础设施两大领域，范围涉及交通运输、公用事业、卫生、教育、住房、刑事司法和国防等。到 2017 年初，11 个项目被政府并购，20 个项目被终止，43 个合同出现重大问题。本报告旨在分析产生这些问题的原因，以及 PFI/PPP 存在的主要缺陷，并提出相应的政策建议。

关键词：

私人融资计划 公私合作 政府并购 财政援助 合同终止

一 政府并购、财政援助、合同终止及其重大问题的背景

（一）全球化背景

自 20 世纪 90 年代初，英国就成为 PFI/PPP（private finance initiative/ public private partnership），即私人融资计划/公私合作实践的全球领跑者，英国用

---

* Dexter Whitfield（迪克斯特·惠特菲尔德），英国人，European Services Strategy Unit（欧洲战略服务社）社长、主任。研究方向：公共政策和社会服务。

该模式实施了 800 多个基础设施和公共服务项目。项目覆盖经济基础设施及社会基础设施两大领域，范围涉及交通运输、公用事业、卫生、教育、住房、刑事司法和国防等。

英国政府、建筑公司、银行及咨询顾问对 PFI/PPP 融资模式在全球范围的推广起到了非常关键的作用。就 PPI/PPP 项目实践效果而言，英国宣称该模式具有很多"优点"，能够弥补许多公共投资模式的缺陷。因此，关注英国 PFI/PPP 项目的表现，尤其是讨论政府并购、财政援助、合同终止以及存在重大问题的 PFI/PPP 项目，对全世界都具有积极而现实的意义。

本研究报告重点关注了政府并购、财政援助、提前终止以及存在重大问题的 PFI/PPP 合同，尝试去分析导致这些问题的原因以及 PFI/PPP 模式存在的缺陷（Whitfield，2012）。

（二）缺乏透明度

易遭到政府并购或合约终止的 PFI/PPP 项目，相关信息透明度低。英国财政部和苏格兰政府从其年度项目清单中删除了有关 PFI/PPP 项目并购和终止的数据记录，这使得在评估 PFI/PPP 模式及其政策有效性时，研究样本忽略了这些事实存在的项目。

此外，没有迹象表明政府做了系统可行性分析去确定这些项目的全部公共成本，在制定政策时也没有考虑到造成 PFI/PPP 项目终止或政府对其进行并购的原因。因而如果全部信息能向公众披露，表 1 中的数字会明显提高。例如，74 份 PFI 合约中仅 44 份披露了并购、合同终止及存在重大问题的项目公共成本。这反映出 PFI/PPP 合同的规划、采购和运作均缺乏透明度。

（三）项目和公共成本概况

自 20 世纪 90 年代末至 2017 年初，总共 74 个 PFI/PPP 项目出现了并购、提前终止或重大问题，其中 11 个项目被政府并购，20 个项目被提前终止，43 个项目出现重大问题。易于出现政府并购、合同终止或重大问题的 PFI/PPP 项目总资本价值占到所有项目资本价值的约 1/3（见表 1）。

表 1 问题 PFI/PPP 项目的概况

类型	项目数量	并购、终止、重大问题合约的费用（百万英镑）	并购、终止前已支付费用（百万英镑）	项目总成本（百万英镑）	资本成本（百万英镑）
政府并购的 PFI/PPP 项目	11	636.3	5215.7	7256.9	6146.7
提前终止的 PFI/PPP 项目	20	1677.1	8427.0	14114.2	12047.1
出现重大问题的 PFI/PPP 项目	43	2139.8	—	36105.7	4459.1
合　计	74	4453.2	13642.7	57476.8	22652.9

注：大多数公共成本尚未确定，所以这只是总成本的一小部分。

（四）地理分布

苏格兰出现并购或合约存在重大问题的项目，概率明显高于英格兰、威尔士和北爱尔兰。大部分的问题合约集中于苏格兰和英格兰，分别达到 77% 和 16.2%，相比而言，威尔士仅占 5.4%，北爱尔兰仅占 1.4%。就项目合约出现并购、终止和存在重大问题的概率而言，苏格兰达到 9.7%，高于英格兰的 7.9%。

表 2 PFI/PPP 问题项目地理分布

类　型	英格兰	苏格兰	威尔士	北爱尔兰	总计
政府并购的 PFI/PPP 项目	6	3	2	0	11
终止的 PFI/PPP 项目	17	1	2	0	20
合同出现重大问题的 PFI/PPP 项目	34	8	0	1	43
合　计	57	12	4	1	74

注：苏格兰是基于 88 个 PFI/PPP 项目合约（2015 年 3 月）和 36 个 NPD 项目合约（2016 年 4 月）的情况；英格兰是基于 725 个 PFI/PPP 项目合约（2015 年 3 月）的情况，不包括威尔士和北爱尔兰的项目合约，但包括并购、提前终止和已过期的合约。NPD（Non-Profit Distributing）为非营利项目。

（五）行业分析

表 3 的数据显示，在所有政府并购、合同终止和存在重大问题的项目中，医疗健康、交通运输、住房、信息与通信技术和教育这五个行业占到 67.6%。

表3　政府并购、合同终止和存在重大问题的项目行业分析

类型	政府并购	终止	合同存在重大问题	总计
教育	1	1	6	8
医疗健康	3	2	9	14
住房	0	0	9	9
交通运输	3	6	1	10
高速公路	1	0	3	4
垃圾处理	1	2	2	5
火灾救援	0	3	1	4
自来水处理	0	0	2	2
信息与通信技术	0	2	7	9
刑事司法	1	1	1	3
公共行政	1	0	0	1
国防	0	1	1	2
其他	0	2	1	3
总　计	11	20	43	74

从财务结算的日期来看，PFI/PPP 项目的并购多发生在项目运营至第3.9 年至第13.8 年时，平均为8.8 年。合同终止的项目平均运营期限为6年。由于项目合约的主要问题变显著的准确时间难以确定，本报告无法提供一个类似的数据。

还有许多其他议题，比如影响到服务对象和职工的成本超支、工期延误和问题合同，但这些问题不能列为项目合约的"重大问题"，因而未被包括在本报告的样本中。

2003 年7 月，英国政府宣布，PFI 模式不应被用于信息与通信技术（ICT）行业，一部分原因在于PFI 模式提供的服务无法适应技术的快速变革。但正如报告所示，工期延误和成本超支等问题在其他行业早就屡见不鲜。

（六）重回公有制

11 个项目被政府并购、20 个项目被终止合约，意味着31 个 PFI/PPP 项目重回公有制/公共提供。2012 年3 月至2015 年3 月，曾被年度项目清单删

除记录的 21 个 PFI/PPP 项目（见表 4）通过英国财政部的支持，顺利建设完成。被并购或提前终止合约的项目大多属于英国政府、地方政府和伦敦交通部门，而通过财政支持进一步建设完成的少量项目大多属于英国和苏格兰政府部门。

表 4　所有权和经营权重回公有制的项目

公共机构	买断	终止	完成	总计
政府部门	0	6	15	21
苏格兰政府	3	0	3	6
国民医疗服务体系	2	2	1	5
地方政府	3	4	1	8
伦敦交通	2	6	0	8
其他	1	2	1	4
总计	11	20	21	52

资料来源：HM Treasury annual summary data 2013，2014 and 2015 to identify projects completed between March 2012 – March 2015。

本报告的研究对象是英国的 PFI/PPP 项目、苏格兰的非营利（NPD）项目和本地改善金融信托（LIFT）初级医疗保健项目（仅在英国运营），而未考虑 LIFT 项目的业绩表现。

二　合约理论和公私合作理论

（一）新自由主义与国家－企业合作伙伴：PFI/PPP 模式

在过去的 30 年里，新自由主义政策为新型积累物的出现创造了条件。新自由主义致力于促进自由的贸易、竞争和市场，主张放松管制。解构民主使国家与金融/商业之间建立伙伴关系，同时提升了企业福利，重新定位政府的角色并削减劳动力成本和劳动者权利。

公共部门"转型"的目标具体可概括为四个方向：公共服务和福利国家的金融化、独立化、市场化、私有化（Whitfield，2012）。"金融化使银行和金融机构能够事实上影响学校和医院的决策。它为公共物品的供给提供了新的融资手段。收入的产生增加了外包合约的潜在可能性，收费则赋予公共服务商业属性和价值。"（Whitfield，2016）

PFI/PPP 项目是新自由主义时代的产物。设计 - 建设 - 融资 - 经营（design，build，finance and operate，DBFO）模式促使公共基础设施商品化和金融化，为积累提供了新的机会。此外，DBFO 模式还为金融资本、建设和设施管理公司，专业咨询顾问和律师创造了新的市场，弱化了政府角色，并最终加大了建筑、运输和公用事业网络和公共服务领域私有化的可能性。

（二）不完全和复杂性合约

PFI/PPP 项目的核心在于其庞大且复杂的合约。从政府招标采购到财务决算，一个标准的合约草案要经过不断的修改和发展，最终的合约或项目协议少则几百页，多则几千页。但是，不管合约的条款多么全面，实际上所有合约在实践中都是不完整的（Hart，2003），因为它们无法成功预测未来的事件及不断变化的经济和社会需求。Tirole（1999）指出了不完全合约的四个原因。

第一，无法确定未来。长期的公共基础设施合约必须考虑到三点：需求水平的不断变化、公共政策重点的修改、服务发送中技术和运营的变化。除此之外，合约也无法预知私营联合体（建筑公司、银行等金融机构和设施管理承包商）的业绩。

第二，当下政府招标采购环节关注的重点仅在于项目最终表现能否达到预期"结果"，而忽视了项目投入、运作、产出的过程。这使得承包商有更大的自由去调整工作方式、运作程序和人员配置水平，这些调整很可能引发未知的连锁效应。此外，因果关系往往很难确定，合约仅是造成这种结果的部分原因。

第三，即使考虑到所有可能性，合约还是会因为过于复杂而无法利用现有法律条款进行阐述。

第四，合约须能在不频繁诉诸法院的情况下执行条款，这使客户、承包商关系和合约管理更加困难。

我们换个角度再看 PFI/PPP 项目合约及其管理。合约的复杂性意味着大部分当选议员和政府官员对其只能是一个基本的理解，致使他们在做决策时通常需要听取致力于 PFI/PPP 模型的财务顾问、管理顾问和专业律师的建议。

（三）因果和效果

本文对 PFI/PPP 项目中导致政府并购、财政援助、合同终止和存在重大问题的原因进行了分析，具体概述如下。

政府并购要求公共部门和 SPV（特殊意图的载体，special purpose vehicle，通常指一个公司）股东均自愿同意终止 PFI/PPP 项目合约。公共部门通常可从并购中削减费用支出，私营承包商除去已从公共部门收到的每期现金回报（unitary payments）外，还将收到一笔付款，该笔款项反映了剩余的每期现金回报、项目负债和交易成本的净价。金融谈判很复杂，财政节约也如此。并购的主要原因是：社会反对高昂的通行费、要求取消替代运输、错误的需求预测、财政节约的需要、技术变革、整合公共服务的需要及业绩差。

财政援助是多种因素共同作用的结果，包括项目的收益回报中很大的一部分来自各级政府或公共部门定期支付的现金回报（unitary payments），项目收入水平无法负担起 PFI/PPP 项目，公共开支削减和财政紧缩政策，需求压力——人口老龄化、医院合并的高成本。

提前终止通常是业绩较差被政府强制执行造成的，主要有以下原因：信息与通信技术（ICT）问题、成本超支和工期延误、未能获得规划许可、不良的需求预测、施工缺陷、技术缺陷、降低融资成本的需要。

重大问题合约主要指具备以下一个或多个特征的合约：业绩差、施工缺陷、成本超支和工期延误、运营费用过高、严重的法律纠纷、拒绝重新谈判合约以实现公共政策目标。

很明显，共同且相互关联的原因导致出现政府并购、财政援助、合同提前终止或存在重大问题的状况。

（四）PFI/PPP 模式的根本性缺陷

造成 PFI/PPP 项目出现政府并购、财政援助、合同终止或存在重大问题状况的原因并不仅是不完全且复杂的合约问题，还有 PFI/PPP 模式的根本性缺陷。下文引用并总结归纳了 Whitfied（2001，2010，2012 and 2016）、European Public Service Union 与 Public Services International Research Unit（2014）和 Hall（2015）的观点。

（五）风险转移成本高昂并被夸大

需求风险和政治风险仍存在于公共部门（对设施和服务的需求仍然是公共责任），但建设风险和运营风险通常转移给了私有部门。历史经验表明，有时私营建筑公司对公共基础设施项目的投标报价是亏损的，然后依靠变更订单来改变设计、追加工作量并延迟工期，进而回收成本并提高利润。

其实，风险问题的核心并不在于风险是否被转移，而在于风险是如何定价的。例如，采用 PFI 模式建设的六所医院中，风险成本占总建设成本的比重分别为 16.5%、22.2%、31.3%、35.3%、37.2% 和 70.6%，而只有在风险被转移后，PFI 医院的净成本才会比公共部门的参照成本低（Shaoul，2005）。另外，六个项目中四个项目的风险成本占到建设成本的 1/3 到 2/3 是非常令人怀疑的。"即使考虑风险因素，公共投资和私人投资间的成本差额仍然微不足道，通常不到总成本的 1%，这不是一个做出重要的财务决定的靠谱依据。"（Shaoul，2005）

（六）负担能力——高成本影响了核心服务的供给

PFI/PPP 模式的崛起源于政府削减公共支出的需要，于是该模式减轻财政负担的优点被广为推广，进而成为基础设施建设和公共服务提供的"唯一选择"。

PPPs 会让公众形成"负担能力幻觉"（主要是由于分期付款的原因，公共部门的费用支出被延迟并分散了），在一个项目是资产负债表表外业务时，这种情况往往会加剧（Eurostat et al，2016）。

在许多情况下，随着项目的范围或规格的增加，项目的建设成本也会相应增加。30% 的采购部门在招标时面临成本上涨的压力通常会选择延长合约的期限，进而减少每年的费用支出，掩盖这种变化的影响。但是，这样的举措实际会让项目的总成本增加（NAO，2007a）。

（七）项目很难"物有所值"，且该评估标准存有争议

审视英国在 PFI/PPP 项目上超过 3200 亿英镑的支出，项目价值的评估标准一直是项目的货币价值，即"物有所值"，这显然是一个奇怪的现象。PFI/PPP 项目的价值通过公共部门参照值进行系统校准，进而确定"正确"的答案，使项目得以进行（Whitfield，2010）。但从完整的项目阶段来看，PFI/PPP 股权出售带来的高回报可以说是对货币价值评估方法的嘲讽。由于不良的监测（见下文）和持续评估的需要，"物有所值"评估模式仍会在接下来的 5～7 年被使用，这也是 PFI/PPP 模式的一个主要缺陷。

（八）国家补贴/担保：企业福利的需要

由于 PFI/PPP 是私人融资模式，公共部门未参与到招标流程中。这给公众造成了一种假象，即私营部门是一个完全独立的投资者、建造者及运营者。但事实上，PFI/PPP 是典型的新自由主义国家－商业合作模式，它依赖于企业福利，政府也因此要付出许多"合作的代价"。首先，政府要保证合约的付款，并组建 PFI/PPP 项目公司；其次，在英国 NHS 医院（NHS Hospital Trust）无力支付 PFI 款项或者无法满足当地居民的健康需求时，政府要提供公共补贴；最后，政府要为 PFI/PPP 合约立法，并广泛推广该模式进而削减公共部门开支（Whitfield，2016）。

（九）低成本的公共投资选项被忽视

"通过对 2012～2013 年政府账户的全面分析，可以发现私人融资的实际利率（7%～8%）大约是政府借款利率（3%～4%）的两倍。"（NAO，2015a）所以，我们无法得出 PFI/PPP 模式效率比公共投资效率高的结论。而 PFI/PPP 模式显著的"效率"似乎源于快速发展的二级市场和离岸基础设施基金，它们大幅提升了 PFI/PPP 项目股权出售的利润（Whitfield，2016）。

（十）工程业绩

与 PFI/PPP 相比，公共投资项目的工期延误风险和成本超支风险持续

被英国政府夸大。英国政府为推动 PFI/PPP 项目向全世界宣称，传统的公共投资项目里有 73% 的项目成本超支，有 70% 的项目工期延误。研究总结说："财政部宣称的 PFI 模式的优点是基于毫无事实证据的公共投资项目工期延误、成本超支得出的结论。"（Pollock et al，2007）以往记录表明，PFI/PPP 项目中成本超支和工期延误的比重分别从 2003 年的 22% 和 24% 升高到 2008 年的 35% 和 31%（NAO，2009a）。此外，在 PFI/PPP 项目和非PFI/PPP 项目业绩中，出现成本超支和工期延误现象的比例分别为 11%、6%，但我们必须意识到 PFI/PPP 项目的总体成本明显更高，且存在一些其他缺陷。公共投资项目通过改进管理与采购招标，完全可以明显提升工程的业绩，扭转业绩差距。

表5　成本超支和工期延误情况

单位：%

特征	PFI2002	PFI2008	Non-PFI projects 2008
成本超支	22	35	46
工期延误	24	31	37

资料来源：NAO，2003，2009a。

（十一）私人融资意味着公共债务

PFI/PPP 项目要求公共部门从公共收入预算中拨款保证定期的合约付款，可以说这就是公共债务。此外，由于私人融资和建设风险转移的高成本，PFI/PPP 项目费用支出明显高于直接公共投资的支出。

（十二）交易费用高

PFI/PPP 项目的交易费用通常集中于采购招标环节，公共投资项目的交易费用大概平均是项目资本价值的 3.5%～3.8%。就私人投资项目而言，中标项目的费用为项目资本价值的 3.8%，未中标项目费用则为 5.0%（Dudkin and Välilä，2005）。虽然 NAO 的文章中未披露 PFI/PPP 竞标过程的全部交易成本，但仅财务、法律、技术和其他咨询的平均支出就已达 2.5%

（NAO，2007a）。交易费用还应该包括选择评估机构、货币价值分析、拟订合同草案及招标前 PFI/PPP 团队相关的费用支出。因此，PFI/PPP 项目中，公共部门的交易费用支出预计在项目资本价值的 4.5%~5.0%，比公共投资项目高出约 2.0%。

（十三）二级市场交易和离岸基础设施基金的增长

离岸二级市场基础设施基金的快速增长是产值能达到 171 亿英镑的关键因素。借助离岸市场，交易者可以像买卖金融商品一样买卖医院、卫生中心、学校、大学和道路。二级交易市场让 PFI/PPP 项目公司可以出售项目股权，离岸基础设施基金增加了 PFI/PPP 项目股权的离岸外包的可能性，也因而更有机会吸引到富人和机构股东。这股新的市场力量正迅速将公共基础设施金融化。

我们通过对 1998~2016 年涉及 277 个 PFI/PPP 项目的 110 宗交易数据进行分析，发现个人或小宗的股权出售平均年回报率为 28%。由于原始 SPV 股东、二级市场基金的销售、二级市场基金股东的股利这三方也需要收益回报，这意味着整个项目的年回报率可能为 45%~60%，即达到 PFI/PPP 最终商业方案回报率的 3~5 倍（Whitfield，2012，2016）。

（十四）私有化的发展是以降低公共部门作用为代价的

私营部门在确定公共基础设施建设的地点、时间以及如何满足社会和公众关注的重点方面有更大的选择空间，因而项目只会在私营部门确保"有利可图"的情况下才能得以开展。

2013 年《全球财政情报》（*Global Treasury Intelligence*）指出："和影子银行相比，传统银行在资本、杠杆、流动性及透明度上需要接受更为严格的监管，这种差异形成了双重监管体系。监管的区别为借款人和贷款人寻求最便宜、最不透明的资金来源创造了机会。我们认为借贷双方很可能会追求最大化的债务杠杆，并很可能再次引发系统性的违约和降级。"

管理顾问、财务顾问和律师在 PFI/PPP 项目管理、合约草案及商业方案的筹备、招标采购过程、评价和尽职调查等方面发挥着极其关键的作用，因而与公共投资模式相比，PFI/PPP 模式带动了咨询和服务外包行业的发展。

（十五）放弃合约、政府并购、财政援助、合同终止和出现重大问题的 PFI/PPP 项目成本支出高

本报告揭示，政府并购、财政援助、合同终止、放弃合约及出现重大问题的 PFI/PPP 项目公共成本支出总计为 75.67 亿英镑。此外，与公共投资的成本相比，私人融资额外的成本总计 279.02 亿英镑，其中额外的交易成本及利率到期债务达 203.35 亿英镑。

（十六）对民主问责制和透明度的破坏

民主问责制的作用有限主要有以下三个原因。第一，从项目规划、采购到合约监督管理，PFI/PPP 项目实施的"商业保密性"严重降低了项目的透明度；第二，PFI/PPP 交易非常复杂，因而仅有少数官员和当选议员对其有基本的了解，更不用说理解合约的条款；第三，普通员工、工会、服务对象、社区组织和公民的参与度被降至最低。

（十七）合约监督不力并较少被复审

合约的监督是确保 PFI/PPP 项目投资成本低于公共直接投资成本的关键部分，但在合约草案和最终的商业方案中，有关监督的条款比重常常被压缩到最低。监督成本常被认为是"容易"削减的开支，监督责任也因此被转移到本已吃紧的主管领导和 NHS 基金会的高级管理者身上。私人承包商"自我监督"的增多进一步降低了合约监督的频率和严格性。目前，针对合约的监督范围已经缩减到基本合约条款，例如设施的可用性、服务质量，无暇顾及项目的经济影响以及是否"物有所值"。

（十八）就业机会的减少，就业条款和条件的恶化

当公共事业机构的雇主发生变化时，欧盟的就业法规有明确的职工调转条款与条件，但这并不妨碍新雇主在减少条款和条件的情况下雇用新职工。

私人承包商通过大量使用临时合约形成双轨的职工队伍。英国大多数 PFI/PPP 项目融资新建的监狱大多是完全服务合约（建筑维护、监管及相关服务），从而规避了欧盟就业法规。私营监狱官员和监管人员的工资及福利收入水平比同级国营监狱工作人员低 9.9%～26.6%，私营监狱职工的流动率达到 10%～20%（Income Data Services，2015）。

（十九）损失建筑使用和服务提供的灵活性

以下三段引述总结了公共部门灵活性的损失。

历史上私人主动融资（PFI）的债务会使改变土地和建筑物使用方式变得更加困难。在承担 PFI 项目的机构中，他们收入中很大一部分是高额的资本费用。他们也最可能报告 2013～2014 年度财务业绩是疲软的（NAO，2014）。

IT 或卫生部门领域采用 PPP 融资模式可能很困难，因为和 PPP 合约的期限相比，技术变化太快了（IMF，2015）。

谢菲尔德市（Sheffield）议会决定终止与威立雅（Veolia）的废物处理合约就是一个缺少灵活性的案例："议会无法确信和威立雅（Veolia）签订的综合废物管理合约（IWMC）可以节约成本，兑现最初的预算。因此，在委托这项废物合同给审查小组审议时，如果递交了一份备选方案，将有效削减废物管理服务的成本，并为未来更具积极性、灵活性和可持续性的服务留有余地。"（Sheffield City Council，2017）

（二十）对于地方经济、社会和平等的影响

PFI/PPP 项目的参与方包括国际建筑公司、银行等金融机构、运营公司（通常由建筑公司所有）以及从全球范围内组建的咨询服务（管理顾问、财务顾问和律师）团队。这使得除非当地部门参与到合约的制定、监督和执行环节，否则地方经济从中获得的好处有限。不仅如此，由于 PFI 建设的社区公共设施成本较高，当地的社会福利质量也会相应受影响。更糟糕的是，SPV 公司出售股权获取高额利润的行为很可能进一步对就业和服务质量产生不利影响。

25 年来，尽管世界银行一直是 PPP 项目融资模式的资金提供者，但在评价 2002～2012 年世界银行致力于推动的发展中国家 PPP 项目时，证据的匮乏却反映出许多令人震惊的问题（Independent Evaluation Group and World Bank Group，2015）。

对于世界银行来讲，根本没有跟踪 PPP 项目结束后业绩的体系。为了能够公正评价 PPP 项目的全面影响，一套更全面的评价指标体系应该被建立，进而能在 PPP 项目的整个生命周期中持续关注其表现。

世界银行的新战略以消除极端贫困和促进共同繁荣为目标，该战略也再次重申了世界银行的核心目标是扶贫，但关于 PPP 融资模式对贫困人群的影响鲜有记载。

项目等级的评定、IFC（国际金融公司）发展目标的确定以及它开发的成果跟踪系统均是主要通过测算 PPP 项目营运方面与现金流有关的指标来进行评价的，例如基础设施可惠及的人数等。但是仅有一半的项目可获取这方面的数据，任何一个项目都无法完全满足指标的数据要求。

（二十一）环境的可持续性问题

公共基础设施投资为增加"绿色建筑"的存量提供了机遇。但是，大型设施的出现导致公共服务的集中化，增加了公众路途时间和交通成本。建筑物的设计是灵活可变的。"许多通过 PFI 模式建设的建筑质量较差……质量较差的建筑制约了健康和医疗服务的提供。"（Royal Institute of British Architects，2011）

（二十二）私人投资利益逐渐主导公共基础设施的建设

上文描述的种种问题，结合起来共同造就了建筑公司源源不断的高成本建设合约以及从未披露为 PFI/PPP 组成部分的大规模的暴利的离岸资产。

与直接公共投资项目相比，PFI/PPP 模式致使公共部门承担了更高的债务。许多基础设施或服务还可能在投入运营开始付费时已经过时，无法满足公众与社会的需要。

PPP 战略伙伴关系在 20 世纪 90 年代后期出现了企业服务。这些项目合约多具有大型、长期、综合服务的特征，目前已扩展到规划、教育、警察、消防救援和物业管理等方面。目前运作的 PPP 项目有 65 个，价值 140 亿英镑，提供了 29000 个就业岗位。2013 年时，这些项目的失败率为 22%（合约提前终止或关键服务回归公有制），但在 2016 年时，失败率升高到 27%（Whitfield，2014；Presser，2016）。

三　政府并购分析

政府并购要求公共部门和 SPV 股东均自愿同意终止 PFI/PPP 项目合约，原因已经在第二部分中概述。公共部门通常可从并购中削减费用支出，私营承包商除去已从公共部门收到的每期现金回报（unitary payments）外，还将收到一笔付款。金融谈判很复杂，财政节约也如此。例如，赫克瑟姆（Hexham）医院 PFI 项目在 2003 年 3 月 31 日清算财务时，资本成本为 5410万英镑，整体支付金额为 2.526 亿英镑。

（一）赫克瑟姆医院并购案例

赫克瑟姆（Hexham）医院（诺森医疗 NHS 基金会）的并购案例值得我们关注。诺森伯兰（Northumberland）郡议会决定向 NHS 基金会贷款 1.142亿英镑，用来并购赫克瑟姆医院这一 PFI 项目。郡议会的这一举措削弱了地方政府借贷资金的能力并承担了相当大的财务风险。鉴于持续的金融危机迫使历届地方政府采取紧缩财政政策，这种并购援助支持至少在中期看来不太可能再次发生。

表 6 列出了项目并购的主要费用支出，其中包括优先偿还的债务——项目融资的主要银行贷款（5000 万英镑）、利率互换损失费（2700 万英镑）、SPV 股权的市场价值（1450 万英镑）和 SPV 公司应纳税款（1820 万英镑）。

再考虑到 550 万英镑的现金余额和一些像交易成本（100 万英镑）类的小支出等，并购的费用总计为 1.182 亿英镑。事实上，最终的费用支出为 1.195 亿英镑，其中 SPV 股权的市场价值增加了 130 万英镑。

2014 年公司最重要的资产负债表变化是 2014 年 10 月收到赫克瑟姆（Hexham）综合医院 SPC 控股公司 1580 万英镑的分红。这笔现金还未被处置，等待决定是否使用其购买额外的 PFI 项目公司的股权，还是将其分配给投资者。

表 6　诺森医疗 NHS 基金会的并购费用预估

单位：百万英镑

组成	预估费用	组成	预估费用
优先偿还债务	50.0	股权市场价值	14.5
夹心偿还债务	1.8	交易成本	1.0
利率互换损失费	27.0	应纳税额	18.2
分包合约损失	0.2	合　计	118.2
现金余额	(5.5)		

资料来源：Hellowell，2015。

基金会（trust）首先要比较并购与继续履行合约这两种选择的成本。并购（终止）合约的成本包括从诺森伯兰（Northumberland）郡议会取得的固定利率 3.98% 的贷款（180.46 亿英镑）、2014 年 10 月至 2038 年 9 月合约结束时的预估业务费用的现金成本（3658 万英镑）（Hellowell，2015）。继续履行合约的成本包括 2014 年 10 月至 2033 年 4 月的剩余总费用共 2.225 亿英镑、2033 年 4 月至 2038 年 9 月的预估运营费用 880 万英镑，具体内容参见表 7。

与继续履行 PFI 合约相比，并购项目可以为 NHS 基金会节约 6.2% 的成本。有关 NHS 更全面的并购和合约终止问题的讨论请参考 Hellowell，(2015)。

表7 并购和继续履行 PFI 合约的成本比较

单位：百万英镑

每个选项的成本构成	预估费用
并购（终止）PFI 合约	
偿还地方政府贷款的现金成本（2014.10～2038.9）	180.46
预估的运营费用现金成本（2014.10～2038.9）	36.58
合　计	217.04
继续履行 PFI 合约	
PFI 服务付款现金成本（2014.10～2033.4）	222.5
预估经营费用现金成本（2033.4～2038.9）	8.8
总　计	231.35
节约资金（2014～2033）	14.3

资料来源：Hellowell，2015。

（二）对公共债务的影响

对于资产负债表内的 PFI 项目，其债务已被纳入公共部门净负债和净借款账目中。对于资产负债表外的 PFI 项目，其资本融资（capital funding）会被重新分配到公共部门，导致公共部门净债务和净借款增加。

根据国际财务报告准则（IFRS）、欧洲会计准则（ESA）和公认会计准则（GAAP），自 2009 年 4 月 1 日起将对 PFI 项目进行表内和表外分类，相关的信息会公布在英国财政部的年度 PFI 项目清单中。在按照国际财务报告准则（IFRS）编制的资产负债表中，共有 6 个 PFI 政府并购项目：赫克瑟姆医院（Hexham Hospital）、兰开夏废物处理项目（Lancashire Waste）、伦敦地铁（Tube Lines）、西园医院（West Park Hospital）、达费德郡警察厅（Dyfed-Powys Police Station）和里辛郡市政厅（Ruthin County Hall）。如果按照欧洲会计准则（ESA）和公认会计准则（GAAP），则只有两个项目能被划入资产负债表，其余的都是表外项目或未知状态。根据国际财务报告准则（IFRS），英国财政部 2015 年 PFI 项目清单中的 724 个现有项目只有 23 个项目可被划为资产负债表的表内业务，并有 50 个项目的信息不详。

（三）利率互换问题

利率互换是一种衍生品合约，它通过固定贷款利率来降低贷款利率波动的风险，在利率上调的时候起保护的作用。但由于目前的利率非常低（英格兰银行近几年的利率仅为 0.5%），2009 年之前的 PFI 项目采取利率互换的概率要比之后的项目高得多。当前情况无疑最有利于银行，他们赚取了安排互换业务的手续费、反映协议利率和当前利率之间的差额及违反互换条款的罚款。例如，赫克瑟姆（Hexham）医院并购案例里包括 2700 万英镑的利率互换损失费（Hellowell，2015）。

但如果利率上调到协议利率水平，情况将发生改变。银行将不能再从利率差中获利，利率互换损失费也会相应减少。但不管怎样，利率互换仍将是 PFI/PPP 项目的财务负担。

（四）政府并购和合同终止涉及的就业问题

政府并购后，在符合要求的情况下，原设施运营和管理人员可根据"转移承诺条例"（TUPE）调动至公共机构。如果项目原雇主与调动职工签署的劳动合同条款和条件与公共部门有较大差异，并购可能会涉及劳动合同相关条款和条件及退休金的谈判。但是，英国脱欧的行为很可能会削弱英国就业转移法规的效力。

（五）项目并购被否决

2016 年初，苏格兰政府否决了高地（Highland）政务委员会通过额外的借款去并购 2001 年和 2006 年签订的两个涉及 15 所学校的 PFI 项目的计划。这两个 PFI 学校项目需支付的现金回报总额分别是 9370 万英镑和 7.168 亿英镑，两个项目加起来公共部门每年需付款 2900 万英镑。高地委员会认为他们之所以被否决，是因为他们开创了额外借款的先例，这可能会影响苏格兰政府自身的借款议案（Russell，2016；Freeman，2016）。

高地学校的案例反映了 PFI 项目的复杂性及不断变化的所有权。2001 年的项目是高地社区学校，该项目股权由苏格兰皇家银行和 MJ Gleeson 集团共同持有。但在 2004 年 11 月，两家公司将各自持有的股权出售给了亨德森基金（Henderson PFI Secondary Fund I），相关的交易金额未对外披露。2012 年 6 月，亨德森基金再次将全部股权出售给 Civic PFI 投资公司，而这两家公司与 Cardale 基础设施投资公司、GCP（Gravis Capital Partners）基础设施投资公司均注册在泽西地区（Jersey）。

2012 年，Civic PFI 投资公司以 2001 年的高地社区学校和谢菲尔德（Sheffield）家事法庭两个 PFI 项目为担保，从 GCP 公司获取了 1120 万英镑的贷款。这笔 17 年期的贷款中有这样一条条款："考虑到通货膨胀因素的存在，每年产生 9.31% 的年均回报率"，而 2012 年英格兰银行的利率仅为 0.5%。

莫里森（Morrison）建筑公司建设的阿尔法（Alpha）学校，是 2007 年的高地学校项目。在 2006 年，加利福德公司（Galliford Try plc）收购了特殊目的公司（SPC）50% 的股权，接管了该项目。三年后，加利福德公司又以 1650 万英镑的价格将这 50% 的股权出售给了 HICL 基础设施基金公司，赚取利润 440 万英镑。该项目另外 50% 股权最初由诺森（Northern）基础设施基金公司和诺布尔（Noble）金融控股公司持有，2013 年 3 月，也被以 2120 万英镑出售给 HICL 基础设施基金公司，但未披露利润（ESSU，2012）。HICL 公司目前持有 2007 年高地学校项目的 100% 股权。

由此可见，项目收购的理由和条件各不相同。较大的境外收购产生的影响还有待观察。

（六）财政部相关指导意见

财政部分别于 2014 年 10 月和 2015 年 3 月两次向政府部门的会计人员致函："公共账目委员会应关注合约中列入的'终止便利'条款，在承包商无过错的情况下，公共机构在并购项目时，应根据至合约结束时的预期利润向承包商支付补偿金。"（HM Treasury，2015a）

2015 年 6 月，关于自愿提前终止合约的 PFI 政策报告指出："现有 PFI 合约的终止必须在项目移交公共机构时是'物有所值'的情况，才能被批准进行。"（HM Treasury，2015b）

政府机构的详细商业方案必须附有经充分评估过的项目货币价值和成本费用信息。重要的是,政策报告指出:"合约赔偿金通常与合约到期时承包商的预期利润保持一致。"

该意见仅对"自愿"终止的情况进行指导,但80%的合约终止是私营部门的根本性失败或持续的不良业绩造成的。

四 财政援助

在过去十年的金融危机中,NHS 基金会获得了各种形式的财政支持。2006~2007 年度和2011~2012 年度,卫生部累计向21家基金会注资了10亿英镑,但截至目前只有1.6亿英镑偿还。2011~2012 年度,除伦敦东南部一家基金会外,11家基金会共获得了2.53亿英镑的注资(Department of Health,2012)。南伦敦医疗基金会(South London Healthcare Trust)获得3.56亿英镑,黑弗灵和里德布里奇基金会(Havering and Redbridge)获得1.95亿英镑。这两家基金会预计还将在PFI援助计划中获得更多的注资。

(一)政府并购的 PFI 医院

2011~2012 年度,22家持有大型PFI项目的NHS 基金会出现了财务困难,请求政府财政援助。英国卫生部进行审查之后不得不向其中7家持有大型PFI项目的NHS 基金会提供了15亿英镑的援助资金。因为"基金会的方案若没有一定程度的中央财政支持,便无利可图"(Department of Health,2012)。这些援助资金被分摊到PFI合约的剩余年限中,相当于未来25年,7家NHS 基金会每年可收到6000万英镑(见表8)。

表8 政府 15 亿财政援助的 NHS PFI 医院

NHS 医院	合约总成本(百万英镑)	合约期限(年)	运营起始时间
坎伯兰郡医院(Cumberland Hospital)	619.2	30	2000.1
希斯顿医院(Whiston Hospital)	2595.0	42	2008.7
彼得堡和斯坦福医院(Peterborough and Stamford Hospitals)	2004.0	32	2011.12

续表

NHS 医院	合约总成本（百万英镑）	合约期限（年）	运营起始时间
罗姆福德医院（Romford Hospital）	2086.0	34	2006.7
达特福德医院（Darent Valley Hospital）	911.0	33	2000.1
坦布里奇韦尔斯医院（Tunbridge Wells Hospital）	961.4	32	2010.11
伊丽莎白女王医院（Queen Elizabeth Hospital）	886.0	31	2000.1

资料来源：Department of Health，2012。

当时的联合政府承认："在过去，为了避免尴尬，地方基金会通常会悄悄接受援助。但我们已决定提高援助工作透明度和开放度来结束这些内幕交易。"（Department of Health，2012）

"只要符合严格的标准，任何基金会都能在未来25年内获得总额高达15亿英镑的财政支持。其中部分资金来自卫生部2012~2013年度的财务预算。"（Department of Health，2012）

2015~2016年度，57家NHS基金会出现了5%~26.9%（占总收入的百分比）不等的亏损。同期，NHS基金会从英国卫生部和NHS England（译者注：NHS系统在英格兰地区的核心领导机构）获得了24亿英镑的额外援助，同比增长了32%。其中，卫生部为"困难"的基金会拨款19.96亿英镑援助资金以保证其日常运转，并为基础设施工程拨款2.55亿英镑。NHS England为"困难"的基金会提供了1.54亿英镑的资金支持，"合并的基金会及持有PFI项目的基金会获得了财政援助支持"（NAO，2016a）。

卫生部对大型PFI项目的援助标准取决于每年支付给承包商的费用是否超过其营业额的15%。以彼得堡和斯坦福基金会（Peterborough and Stamford trust）为例，最初每年的付款是其营业额的15%（后来降至12.5%），但由于之后未能和开发商达成土地协议，实施商业方案时也未能削减成本、控制成本的增加，再加上最初不切实际的营业额预测，这一比例上升到20%。此外，商业方案实践中也未计入部分设备的重置成本，因为若计入这些成本，将突破15%的临界值。

2011~2012年度，针对NHS基金会的PFI项目的专项财政支持达到6100

万英镑，而具体所涉及的基金会的数量不详（Department of Health，2012）。2012～2013 年度，14 家基金会获得 1.324 亿英镑资助（NAO，2014），公司数量是最初计划的两倍。2014～2015 年度，8 家基金会获得 8180 万英镑资助。鉴于 2013～2014 年和 2015～2016 年这两个财政年度未公开相关信息，如果通过获取数据的三年支出数据的平均值来估算整体的支出，那么 2011～2016 五年的财政支出总额将达到 4.57 亿英镑。以此预估，到 2027 年累积需要财政拨款 15 亿英镑，更糟糕的是，那时许多项目的合约仍有较长期限。表 8 中的 7 个 PFI 项目在未来十年仍需被支付现金回报（unitary payments），而 2027 年后，它们加起来仍有长达 78 年的时间需要政府付费。

此外，在 2015～2016 年度，NHS Trust 和 NHS Foundation Trust（译者注：NHS Trust 由英国卫生部直接管理，NHS Foundation Trust 则在地方层面上有更大的自主决定权）的整体亏损额为 24.47 亿英镑，是 2014～2015 年度的 8.59 亿英镑亏损额的 2.8 倍（NAO，2016）。运营亏损正推动 NHS 基金会的兼并重组。每个 PFI 项目政府需支付的现金回报（unitary charges）会逐年增加。但如果公众担心服务的质量，NHS 基金会会被采取"特别措施"。至 2017 年 1 月已有 14 家基金会属于这一类。

（二）合并中的 PFI 政府并购基金

南伦敦医疗基金会（South London Healthcare）的解散致使王子皇家大学医院（Princes Royal University）、伊丽莎白女王医院（Queen Elizabeth）的所有权也发生了变更，其中王子皇家大学医院所有权被转移到国王学院 NHS 基金会（King's College NHS Foundation Trust）名下。格林尼治（Greenwich）医院与刘易舍姆（Lewisham）医院则通过实施兼并重组成立新的 Lewisham and Greenwich NHS 基金会。2013～2014 年至 2017～2018 年的五年财务协定中针对 PFI 项目的兼并重组，含有一系列税收和财政扶持条款，其中包括用税收优惠确保 PFI 项目的现金回报（unitary payments）（NHS Trust Development Authority，2012）。政府在两起 PFI 项目兼并重组中的补助支出如下：

- Kings College Hospital NHS Foundation Trust——5570 万英镑；

● Lewisham and Greenwich NIIS Trust——7300 万英镑。

2012 年 4 月 1 日，作为合并财务协定的一部分，巴茨（Barts）医院与纽汉大学（Newham University）医院在合并后，收到了 2000 万英镑的政府补助。

舍伍德森林医院（Sherwood Forest Hospitals Foundation Trust）在其 2015～2016 年报中公布了 2650 万英镑的亏损额，总结说："为填补亏损并偿还 PFI 债务和贷款，在成本进一步增加前，基金会需要长期合作伙伴 5270 万英镑的补助。"而该基金会持有长达 34 年价值 22.43 亿英镑的 PFI 合约。它与诺丁汉大学医院（Nottingham University Hospitals NHS Trust）的合并谈判在 2016 年被终止，据说是诺丁汉大学医院拒绝承担其 PFI 项目的债务（Financial Times，2016）。这起失败的合并交易费用支出为 1000 万英镑，其中包括 610 万英镑的咨询费、50 万英镑的法律费、240 万英镑的回归的借调职员工资以及临床支持（clinical support）的 100 万英镑（BMA，2016）。

目前，至少有 9 家 NHS 基金会计划实施合并，这些合并需要政府的财政补助。例如，彼得伯勒和斯坦福医院（Peterborough and Stamford Hospitals NHS Foundation Trust）与布鲁克医疗（Hinchingbrooke Health Care NHS Trust）合并的计划显示，该起价值 18 亿英镑的 PFI 交易预计在未来 26 年中需要 6.5 亿英镑的中央财政支持（Illman，2016）。

（三）PFI 债务在近期项目合并中的角色

2010～2015 年实施的 20 起项目合并中，财务问题或经常性/预测性亏损被认为是其中 15 起的背后原因（Collins，2015）。卫生部、NHS England 和临床采购委员会拨款近 20 亿英镑补助了其中 12 起合并。"由于夸大合并的好处并低估实施合并的时间和成本，很多合并完成后需要对所需补助的预算进行修正。"（Collins，2015）

当前和未来的合并成本不可能低于早期完成合并的成本，计划从合并中削减的支出金额只会是合并成本的一小部分。较大的合并案例之一——巴兹健康 NHS 基金会（Barts Health NHS Trust）的案例印证了这一观点。

在未来五年要求削减支出大约 2.388 亿英镑。个别基金会只能削减大约 2.08 亿英镑。作为单个基金会来讲,进一步的成本削减都可能影响服务的质量和运营的可行性。但通过合并带来的"协同效应"使削减支出变得可能,也令基金会有立刻获得 3180 万英镑的机会。(Barts Health NHS Trust,2011)

合并的高成本致使在应对不可避免的成本上涨时,缺乏灵活性。

(四)计划的合并项目

许多新的 NHS 基金会合并已在计划中,其中涉及的大型 PFI 项目如下。

• 彼得堡和斯坦福医院基金会(Peterborough and Stamford Hospitals Foundation Trusts)与欣琴布鲁克医疗健康 NHS 基金会(Hinchingbrooke Health Care NHS Trust)合并(计划于 2017 年 4 月 1 日)。

• 中央曼彻斯特大学医院 NHS 基金会(Central Manchester University Hospitals NHS Foundation Trust)、奔宁急症医院基金会(Pennine Acute Hospitals Trust)和南曼彻斯特大学 NHS 基金会(University of South Manchester NHS Foundation Trust)合并。

• 伊普斯威奇医院(Ipswich Hospital NHS Trust)和科尔切斯特大学医院(Colchester Hospital University Foundation NHS Trust)合并(目前合并亏损额达 7500 万英镑)。

• 科尔切斯特综合医院(Colchester General Hospital)在被实施特别措施两年后,宣布"临床和经济不可持续",在 2016 年初,经医院监管部门 NHS Improvement 和医疗质量委员会(CQC)审核后,医院董事会同意与伊普斯威奇医院 NHS 基金会(Ipswich Hospital NHS Trust)合并。

• 巴兹尔登和瑟罗克大学医院基金会(Basildon and Thurrock University Hospitals Foundation Trust)将与埃塞克斯医院基金会(Mid Essex Hospital Services Trust)合并。

• 伯明翰大学医院(UHB)和英格兰心脏基金会(HEFT)已同意共同创建一个独立的机构,该机构包括伯明翰伊丽莎白医院(Queen Elizabeth

Hospital Birmingham）、中心医院（Hcartlands）、古德霍普医院（Good Hope）
和索利哈尔医院（Solihull）。

● 伯明翰妇女 NHS 基金会（Birmingham Women's NHS Foundation Trust）
和伯明翰儿童医院 NHS 基金会（Birmingham Children's Hospital NHS
Foundation Trust）已正式同意在 2017 年合并。该妇女医院报告 2015～2016
年度有 450 万英镑的亏损。

除非 NHS 基金会的资金状况能够快速持续地好转，否则在项目合并中，
政府的持续补助将至关重要。在未来的 20 年，政府可能还需要进一步追加
1 亿英镑的额外支持。

这项分析没有考虑 NHS 基金会和地方政府的 PFI 信用，信用既像是资
本投资的额外资助，也类似于已有公共投资情况下的补助金。

五　合同终止分析

PFI/PPP 的合约提前终止通常是承包商业绩不佳引起的。提前终止合约
的理由包括业绩不佳、ICT 问题、成本超支和工期延误、未能获得规划许
可、不良的需求预测、施工缺陷、技术缺陷、降低融资成本。

（一）世界银行已取消和处于困境的 PPP 项目

近 30 年来，世界银行一直在推动和资助 PPP 项目。基于对已取消或处
于困境的项目的数据分析，取消的项目可分为以下几类：①私营部门在合约
到期之前，通过将其经济利益出售或转让给政府而退出项目；②开除所有管
理层和员工；③吊销许可证或撤销合约之后，停止运作与提供服务或在特许
期至少已完成 15% 的建设。

处于困境的项目是指政府或运营商某一方要求终止合约或正在进行国
际仲裁的项目。样本数据覆盖六个区域：东亚和太平洋地区、欧洲和中亚
地区、拉丁美洲和加勒比地区、中东和北非地区、南亚和撒哈拉以南非洲
地区（民间参与公共建设数据库，World Bank，accessed 21 December
2016）。

我们对 12549 个涉及能源、电信、运输、水和污水处理的 PPP 项目进行了分析，这些项目可分类为全新项目、管理项目和特许经营项目（不包括私有化）。1991~2015 年上半年，民间参与公共建设数据库显示，取消的或处于困境的项目共有 768 项（6.1%），总投资额达 911 亿美元（5.4%）。其中，自来水和污水处理项目占比最高，分别为 6.6% 和 1.4%，投资额共占总投资的 29.3%。

（二）英国项目的失败率更高

英国的数据表明，以项目并购的总成本占所有 PFI/PPP 项目总成本来看，英国 PFI/PPP 项目合约政府并购的比例为 2.3%，项目合约提前终止的比例为 4.5%。而对于存在重大问题的项目合约，英国同一标准的问题合约比例达到 9.9%。综上，英国 PFI/PPP 项目并购和提前终止的比例为 6.8%，而世界银行取消（终止）项目的比率为 5.4%，这意味着英国这个工业化国家 PFI/PPP 项目出现问题的比率高于发展中国家的平均水平，而除去正在走出困境的项目，英国 PFI/PPP 项目合约涉及并购、提前终止以及存在重大问题的总比例达到 17.7%。

六　存在主要问题的合同

项目的并购与提前终止是可明确识别的，而重大问题项目则需主观地去判断，此类项目需要具备以下一个或多个的特征：持续的不良业绩、重大工程事故、承包商更换、成本超支和工期延误（对公共部门的影响）、过高的经营费用、重大法律纠纷、妨碍公共政策的推行（苏格兰）。43% 的项目工期延误是由于价格上涨（NAO，2009a）。

（一）其他一些问题合同的案例

尽管许多业绩不佳的项目对公共当局、服务用户和员工都不利，但它们仍被排除在"重大问题"范畴外。例如，布拉德福德市政府（Bradford City Council）分别在 2006 年和 2009 年授权了两份 PFI 学校建设合约（2006 年 3

所，2009 年 4 所），合同期限均长达 25 年，投资成本分别为 7800 万英镑和 2.1450 亿英镑，政府需支付的现金回报总额分别为 3.134 亿英镑和 6.71 亿英镑。工程设施由科斯坦（Costain）公司建造，贷款由汇丰银行（HSBC）提供，运营管理办埃米（Amey）公司承担。

这两份合约中包括 5 年的 ICT（信息与通信技术）项目。第一份合约的 ICT 项目在合约结束时已经内部收回。第二份合约有"一系列技术和服务业绩问题"，导致政府通过谈判提前终止了合约，服务内部收回。自 2008 年以来，项目运营管理回归公有化后，政府从中削减了 150 万英镑的支出（Bradford MDC，2015）。

诺斯利政府（Knowsley Council）发现了鲍尔弗·贝蒂（Balfour Beatty plc）公司于 2008～2009 年所建的 8 所学校存在消防安全隐患。2015 年，诺斯利公园（Knowsley Park）学校的一场火灾事故引发了针对所有 8 所学校的大检查，结果发现 60 个防火阀或防火门被错误安装，且无法维修和保养，多次的维护检查均失败了。目前，承包商进行了补救工作，学校仍然开放。

贝尔法斯特市（Belfast）的巴尔莫勒尔高中（Balmoral High School, Belfast）是一个 PFI 项目，但仅建成 5 年后的 2007 年的夏天就关闭了。该学校规划设计可容纳 500 名学生，但在 2007 年学生仅有 154 名。据说贝尔法斯特教育与图书馆委员会（The Belfast Education and Library Board）制订了修建这所学校的"糟糕"计划，承诺在合约的剩余 20 年里支付 740 万英镑（Press Association，2007）。该学校曾暂时被一所等待新校园落成的小学借用。2014 年的时候，圣杰拉德特殊教育学校（St Gerald's Educational Special School）搬了进来，委员会又花费了 310 万英镑来改善住宿。

（二）未来潜在的问题

2016 年 12 月初，约翰·莱恩集团（John Laing Group plc）承认，大曼彻斯特废物处置局对价值 37 亿英镑的曼彻斯特垃圾处理 PFI 项目"不满意"。一份较早的新闻报道称这个项目是"垃圾处理的大脑"。莱恩集团是 Viridor 垃圾处理公司（Pennon 集团）的合作伙伴。Costain 预计该项目将于 2017 年初完成建设，但自 2007 年签订合约后，该项目遭受了重大损失。截至 2016 年 6 月 30 日止半年的 Costain 业绩表明，"完成项目仍需 1140 万英镑的资金"，"关于项目出现的问题，合约双方与集团承保人仍在讨论中"。大曼彻斯特地区的九个自治市政府正在探寻削减 PFI 项目支出的办法。

大曼彻斯特的废物处置局（简称 GMWDA）表示并不满意 VL Co 项目的现状，会持续寻找大幅度地削减项目支出和提升效率的办法。目前项目公司对解决这些问题的步骤仍不清晰，将继续与 GMWDA 探讨解决方案。

（三）有限的信息

1990 ~ 2000 年，关于项目并购和提前终止的可用信息较少，因为政府对 PFI 项目的支付细节及提前终止合约的公共成本均不对外公开。英国财政部关于 PFI 项目的数据统计也并未改善这种信息有限的情况，相反他们从 PFI 项目年度清单中剔除了被并购、提前终止和结算的项目，仅在年度总结报告中对它们做简要的说明。2003 年 7 月，英国政府停止采用 PFI 融资模式建设 ICT（信息与通信技术）项目。

项目并购或提前终止的交易成本通常也不对外公布，因此我们很难确定交易成本是否包含在费用内。只有并购赫克瑟姆（Hexham）医院、Dyfed-Powys 警方并购 Ammanford 警察局以及威尔士 PFI 项目中显示了 100 万英镑的交易费用。警方人士表示："耗时大约两年时间，花费了约 16 万英镑专业费用，但我们比履行 PFI 合约节省了 300 多万英镑，这对我们社区来说是个好消息。"（Dyfed-Powys Police and Crime Commissioner，2015）

（四）PFI/PPP 其他避税计划

2001 年，英国税务及海关总署（HMRC）与 Mapeley 集团签署了为期 20 年的 PFI/PPP 项目合约，战略性地将不动产转移至私营部门（STEPS），由 Mapeley 集团管理 HMRC 的不动产。具体情况如下，HMRC 将其 2/3 的不动产的永久产权以 3.7 亿英镑的价格出售给 Mapeley 集团，并又立即从

Mapeley 集团将它们租回，提供设施管理服务。随后，Mapeley 集团迅速将不动产权和长期租赁权转让给百慕达（Mapeley）公司，以避免英国政府对资本收益征税。国家审计署最新关于 STEPS 的报告的最后一页有相关内容（见表9）。

表 9　Mapeley 的离岸状态

公共账目委员会的建议	HMRC 的实际行动
HMRC 应该采取一切行动说服 Mapeley 将资产转移回国内	HMRC 未采纳这项建议
HMRC 应该追踪 Mapeley 实际避税额（离岸化），Mapeley 应提供全面及时的信息，以便政府部门能够追回 Mapeley 获得的额外福利	HMRC 未采纳 PAC 的建议

（五）国际发展部的海外 PPP 项目失败案例

英国国际发展部和被誉为"世界上最受尊重的设计、工程和项目管理咨询公司"之一的阿特金斯（Atkins）集团通过设计、建设和运营 PPP 合约，在南大西洋岛圣赫勒拿岛（英国海外领地）建设了一个价值2.85亿英镑的新机场。该项目是促进旅游、减缓经济衰退和改善入岛交通计划的一部分（NAO，2016b）。

但是，2016 年 4 月在测试飞行时发现机场上空存在"风切变"这种不利的风况，这意味着该机场不能用于商用飞行，而这种不利风况其实是众所周知的。下议院公共账目委员会认为，"令人惊讶的是，在没有检测风力条件对商用飞机安全着陆圣赫勒拿岛的影响前，该部门就已经委托并完成了圣赫勒拿机场的建设"。截至 2016 年底，仍未实施任何补救的工作计划或支出相关费用，只有该部门在 2011～2043 年拿出 6670 万英镑的费用补助机场的承诺而已（NAO，2016b）。

七　放弃的 PFI/PPP 项目

许多 PFI/PPP 项目在规划阶段就被放弃，其中包括一些大型项目，如 2005 年的帕丁顿盆地健康校园项目（Paddington Basin Health Campus）、

2007 年的莱斯特大学医院项目（The University Hospitals of Leicester NHS Trust）和 2006 年的科尔切斯特综合医院项目（The Colchester General Hospital）。这些项目在规划、采购、咨询上分别浪费了 1490 万英镑、2300 万英镑和 730 万英镑。这些 PFI/PPP 项目被定义为"放弃"，避免与世界银行使用终止 PPP 合约的"取消"一词混淆。

另一个例子是价值 10 亿英镑的装甲车训练服务项目（2005 年）。国防部在投标评估阶段向竞标人支付了 10.6 亿英镑，向专业咨询顾问支付了 500 万英镑，而这还不包括项目早期阶段顾问开支的记录。"由于没有保留记录，在该项目运作的六年期间，因没被要求，该部门采购物资的内部成本并没有记录。"（NAO，2008）上述例子反映出令人震惊的宽松管理态度，而这并非国防部特有的情况。此外，在核算放弃项目的成本时未将员工的时间和资源视为机会成本，而这些资源实际可以被用于开发另一个公共服务项目或实施服务改进。

作为应对全球金融危机的紧缩措施，英国政府在 2009～2010 年度取消了一部分 PFI 项目。例如，部分学校建设项目被取消或延期至 2010 年 7 月，而表 10 所列的 PFI 项目不包括这些被取消的项目，表 10 是 16 个"放弃"项目的具体情况说明。

八　公共成本概述

本部分总结英国 PFI/PPP 项目政府并购、财政援助、提前终止和存在主要问题的公共成本。财政援助项目的公共成本是估算出来的，因为 11 个项目中只有 2 个可以获得具体信息，故本文根据近期的付款数据及以下证据进行了估算：多年前的 NHS 医院项目显示，2012 年划拨的 15 亿英镑的财政补助将在 2027 年用完。此外，在估计援助的公共成本时还考虑了 NHS 基金会总体上岌岌可危的财政状况和当前 NHS 基金会合并的趋势，因为通常基金会的合并需要政府对 PFI/PPP 项目的财政补助（见表 11）。

表10 英国的PFI放弃项目情况统计

年份	部门或机构	项目	取消原因	取消成本（百万英镑）
2003	东肯特医院基金会 East Kent Hospitals NHS Trust	东肯特医院 EastKent Hospital	投资额 2.5 亿英镑；运作 2 年取消（DoH evidence to PAC 2007）	0.4
2004	布拉德福德医院基金会 Bradford Teaching Hospitals NHS Foundation Trust	布拉德福德医院 Bradford Hospital	投资额 1.16 亿英镑；运作 3 年后取消（DoH evidence to PAC 2007）	0.7
2004.3	伦敦卡姆登区 London Borough of Camden	仕女巷住宅区 Maiden Lane estate	大多数住户投票拒绝 PFI 模式（Hodkinson,2011）	预计 0.3
2004.9	国防部 Ministry of Defence	机场后勤服务 Airfield Support Services PFI Project	投资额 15 亿英镑；运作 3 年后取消（NAO,2008）	预计 1.0
2005.5	皇家布鲁顿与哈瑞福德 NHS 基金会玛丽 NHS 基金会帝国理工大学与合作伙伴关系组织 Royal Brompton and Harefield NHS Trust, St Mary's NHS Trust, Imperial College and Partnerships UK	伦敦帕丁顿健康校园 Paddington Health Campus, London	投资额从 3 亿英镑暴涨到 8.94 亿英镑，工期需延误 7 年；考虑到经济上无法负担以及土地使用,战略问题而取消（NAO, 2006）	预计 14.9
2005.6	国防部 Ministry of Defence	装甲车培训服务 Armoured Vehicle Training Service	合约通知于 1999 年 10 月；2004 年 6 月确定优先投标人,但未达成协议（NAO, 2008）	18.5 （不包括 6 年的内部成本和 2000 年之前的咨询费用）

续表

年份	部门或机构	项目	取消原因	取消成本（百万英镑）
2005. 6	普利茅斯医院 NHS 基金会 Plymouth Hospitals NHS Trust	德里福德医院 Derriford PFI Hospital	投资额 3 亿英镑，但由于 3 个标者中 2 个竞标者放弃投标，考虑只有一个竞标人的情况下无法保证"物有所值"而取消（PPP Bulletin，2008）	预计 1.0
2006. 11	国防部 Ministry of Defence	联合空中目标服务 Combined Aerial Target Service（CATS）	2011 年 9 月入围 3 个竞标者，其中，奎奈蒂克（QinetiQ）作为一家民营研评机构，2003 年出价，2006 年成为首选竞标者，并在同年 11 月成功竞标估与研评机构，价值 3.65 亿英镑的项目合约，2005 ~ 2006 年，项目所有权和经营权转移到承包商（NAO，2007b；Defence Industry Daily，2008）	预计 5.0
2005. 11	惠普斯克若斯 NHS 基金会 Whipps Cross NHS Trust	惠普斯克若斯医院 Whipps Cross Hospital PFI	重建成本 3.5 亿英镑；Balfour Beatty 财团的退出致使仅剩一家竞标者（PPP Bulletin 10/09/07）	预计 3.5
2006. 6	艾塞克斯里弗斯 NHS 基金会 Essex Rivers NHS Trust	科尔切斯特综合医院 Colchester General Hospital	投资额 1.86 亿英镑的项目在"物有所值"审查后在采购阶段取消（DoH evidence to PAC 2007）	7.3（包括对 Amec plc 财团的补偿）
2007	莱斯特科大学 NHS 基金会 University Hospitals of Leicester NHS Trust	莱斯特医院 Leicester Hospital	2004 年确定了首选竞标者，但成本从 2.1 亿英镑上涨到 9.2 亿英镑（PPP Building，2008）	23.4

续表

年份	部门或机构	项目	取消原因	取消成本（百万英镑）
2007	苏格兰行政院 Scottish Executive	勒夫莫斯斯监狱，毕晓普布里格斯，格拉斯哥附近 Low Moss Prison, Bishopbriggs, near Glasgow	苏格兰监狱服务组织运营了新的公共700-cell监狱（Financial Times,2007)	预计0.2
2009	肯特郡政府议会 Kent County Council	梅德韦特别关照 Medway DC Extra Care PFI via LIFT	2004年同意参与但后来取消了，原因是资金负担问题（PPP Bulletin,2008)	预计0.2
2007	威尔特郡基层医疗基金会 Wiltshire Primary Care Trust	8500万英镑电梯项目 £85m LIFT project	在三个竞标者进入"物有所值"审查阶段后取消（Wiltshire Council,2009)	预计0.5
2010.10	国防部 Ministry of Defence	防御训练合理化项目 Defence TrainingRationalisation project	2007年1月确定Metrix为140亿英镑项目的首选竞标者，之后因为竞标者无法提供一种负担的起的方式而取消（MoD,2010)	32.4
2013.11	布拉德福市议会和卡尔德达尔MBC Bradford City Council and Calderdale MBC	保龄球巷垃圾焚烧发电项目（1.81亿英镑）Bowling Back Lane Energy from Waste Incinerator-capitalcost£181m	在确定FCC Environment & Skanska公司为首选竞标者后，政府撤回了价值为6210万英镑的项目，议会启动司法审查但政府最终同意和解（Letsrecycle.com,2014)	预计5.0（协议未公开）
合计				114.3

表 11　政府并购、财政援助、提前终止和存在重大问题的项目总公共成本

单位：百万英镑

公共成本	总成本
PFI 医院财政援助	1500.0
可能需要追加的财政援助（预计）	1500.0
买断费用（预计）	636.0
合约终止的公共成本	1677.1
重大问题合约的公共成本	2139.8
放弃 PFI 项目的公共成本	114.5
合　计	7567.4
与私人融资相比公共投资的额外费用	12904.0
额外的 PFI/PPP 交易费用	1631.0
2013~2014 年度利率互换损失	5800.0
合　计	20335.0

政府并购、财政援助、提前终止和存在重大问题的项目公共成本，再加上与私人融资相比公共投资的额外费用、利率互换损失和较高的交易成本，总计达 279.024 亿英镑。

按照 2015 年政府建设学校的交付成本测算，这笔钱可以为 1975080 名学生（覆盖英格兰 64% 的 11~17 岁的学生）建设 1520 所新中学（Department of Education and National Statistics，2016）。

九　对策建议

公共债务的增加和可疑会计处理方法引发的经济上的担忧一直被用于掩盖 PFI/PPP 项目的实际成本。其实，长期契约承诺也是一种形式的公共债务，这些较高的财政负债已被计入公共部门的收入账户中。而且承包商为了偿还过高的私人债务，通常会牺牲服务的质量和服务对象与职工的利益。

高成本和糟糕的业绩是政府并购、财政援助、提前终止和存在重大问题项目的共同特征。越来越多人意识到，长期的私人融资项目是不灵活的，它们无法根据社会经济的需求及时改变，阻碍了服务的创新。公共基础设施的

金融商品化创造出了新的财富商机，在使私人投资者、银行和建筑公司赚取暴利的同时，公共经济和社会需要却被牺牲了。因此，PFI/PPP模式是不可持续的，必须被终止。

（一）重新审核PFI/PPP项目合约

地方政府和NHS基金会应重新系统地对PFI/PPP项目合约进行审核，重新评估业绩、初始目标、设施功能、要求的"物有所值"、就业实践情况，并评价项目所承诺的经济、社会、环境影响。这些举措可以为调整政府服务付费（unitary payments）和改进项目的监测与治理提供依据。

（二）政府应选择性并购或提前终止项目

当项目没有满足业绩要求或者用户/社区的需求没有得到满足时，公共机构应该制定策略去应对项目需要并购或提前终止的情况，争取以最低成本使公共设施回归公共部门，并防止承包商等谋取暴利。

（三）特殊目的机构（SPVs）应该国有化

运营PFI/PPP项目的特殊目的公司（SPV）应当国有化的提议正获得越来越多的支持（People v Barts PFI，2015）。这样可以制止PFI/PPP股权的交易、停止离岸二级市场基金的增长，促使项目回归公有属性。此外，国有SPVs还可以扭转公共基础设施金融化和市场化趋势。

（四）实施完全公共管理

单一的公有制是不足的。新公共投资基础设施模式应要求公共投资具备完全公共管理的能力，包括规划、设计、融资和运营学校、医院或其他公共建筑。同时，新模式将注重服务创新、整合、改进和早期干预。由公共服务的对象、社区和社会组织、工会与职工的持续共同参与，促使完全公共管理模式取代名誉扫地的新自由主义公共管理模式，确保公共服务的原则和价值。

（五）增加公共投资

政府应该增加公共投资，并终止 PFI/PPP 项目，这样将大大削减公共基础设施的成本。

参考文献

Armitage，J.（2015）Eight PFI schools built by one of UK's biggest private contractors have fire safety issues，Independent，7June，http：//www. independent. co. uk/news/uk/home - news/eight - pfi - schools - built - by - one - of - uks - biggest - private - contractors - have - fire - safety - issues - 10303595. html.

Ashurst（2007）PFI practitioners take note-PFI projects not immune from the effect of applications for expedited sale of assets，February，https：//www. ashurst. com/doc. aspx? id_ Content = 2806.

Audit Scotland（2005）Scottish Executive Consolidated Resource Accounts，SE/2005/231，November，http：//www. audit - scotland. gov. uk/docs/central/2005/s22_ se_ consol_ resource_ accounts. pdf.

Barts Health NHS Trust（2011）Merger：Full Business Case，December，http：// bartshealth. nhs. uk/media/75021/Merger - Full - Business - Case - 021211 - FINAL. pdf

Bradford MDC（2015）Schools PFI Contract - Update Report，Children's Services Overview and Scrutiny Committee，10March，http：//democracy. bradford. gov. uk/Data/136/ 20150310/Agenda/Report% 20 - % 20SCHOOLS% 20PRIVATE% 20FINANCE% 20INITIATIVE% 20（PFI）% 20CONTRACT. pdf.

BMA（2016）Collapsed hospital merger costs 'eye-watering' £10m，13 December，https：//www. bma. org. uk/news/2016/december/collapsed - hospital - merger - costs - eye - watering - 10.

City of Edinburgh（2016）Edinburgh Schools-Independent Inquiry，Corporate Policy and Strategy Committee，14 June，http：//www. edinburgh. gov. uk/meetings/meeting/ 3962/corporate_ policy_ and_ strategy_ committee.

Collins，B.（2015）Foundation Trust and NHS trust mergers：2010 to 2015，Kings Fund，September，https：//www. kingsfund. org. uk/sites/files/kf/field/field_ publication_ file/ Foundation - trust - and - NHS - trust - mergers - Kings - Fund - Sep - 2015_ 0. pdf.

Community Health Partnerships（2015）Business Plan Summary 2015 - 2016，http：// www. communityhealthpartnerships. co. uk/uploads/images/file/Corporate%

20Publications/CHP% 20Business% 20Plan% 202015_ 16_ Summary. pdf.

Defence Industry Daily（2008）CATS Beginning 20 – Year Run in Britain, 3 April, http：// www. defenseindustrydaily. com/cats – beginning – 20year – run – in – britain – 02935.

Department for Communities and Local Government（2008）Local Government PFI Project Support Guide（2009 – 10）http：//webarchive. nationalarchives. gov. uk/20120919132719/ www. communities. gov. uk/documents/localgovernment/pdf/117892110. pdf.

Department of Education and National Statistics（2016）Schools, Pupils and their Characteristics：January 2016 – National Tables, https：//www. gov. uk/government/ statistics/schools – pupils – and – their – characteristics – january – 2016.

Department of Health（2012）NHS Trusts to receive funding support, Press Release, 3 February, London, https：//www. gov. uk/government/news/nhs – trusts – to – receive – funding – support.

Doyle, S.（2015）True cost of PFI/PPP school builds is revealed, The Irish News, 8 June, http：//www. irishnews. com/news/2015/06/08/news/true – cost – of – pfi – ppp – school – builds – is – revealed – 132916.

Dudkin G, Välilä T.（2005）Transaction Cost in Public – Private Partnerships：A First Look at the Evidence, European Investment Bank, http：//www. eib. org/attachments/efs/efr_ 2005_ v03_ en. pdf.

Dyfed-Powys Police and Crime Commissioner（2015）Commissioner police station deal saves £3. 1m for front line policing, Press Release, 8 July, http：//www. dyfedpowys – pcc. org. uk/en/commissioner – police – station – deal – saves – 3 – 1m – for – front – line – policing.

European Public Service Union and Public Services International Research Unit（2014）Exposing the myths around Public – Private Partnerships, December, http：// www. psiru. org/sites/default/files/2015 – 01 – PPP – EPSUPPPbriefingfinal. pdf.

European Services Strategy Unit（2007）Cost Overruns, Delays and Terminations in 105 Outsourced Public Sector ICT Contracts, ESSU Research Report No. 3, Dexter Whitfield, http：//www. european – services – strategy. org. uk/publications/essu – research – reports/essu – research – report – no – 3 – cost – overruns – delays/essu – research – paper – 3. pdf.

Eurostat, European PPP Expertise Centre and European Investment Bank（2016）A Guide to the Statistical Treatment of PPPs, September, http：//www. eib. org/epec/resources/ publications/epec_ eurostat_ guide_ ppp.

Financial Times（2007）Scottish PFI prison plan scrapped, 24 August, http：//www. ft. com/ cms/s/0/b0586da8 – 51d9 – 11dc – 8779 – 0000779fd2ac. html? ft_ site = falcon&desktop = true#axzz4WJn7GLKY.

Financial Times（2014）NHS hospital trust seeks private help, 7 April, https：//next. ft. com/

content/616727e8 – be38 – 11e3 – 961f – 00144feabdc0.

Financial Times（2016）Rising NHS Trust deficits spark investor concerns, 20 June, https：//
www. ft. com/content/e5037e60 – 32eb – 11e6 – ad39 – 3fee5ffe5b5b

Freeman, T.（2016）Funding new schools: indebted to the infrastructure, Holyrood Magazine,
9 March, https：//www. holyrood. com/articles/feature/funding – new – schools –
indebted – infrastructure.

Global Treasury Intelligence（2013）Out of the Shadows: The Rise of Alternative Financing in
Infrastructure, 18 February, https：//www. gtnews. com/articles/out – of – the – shadows –
the – rise – of – alternative – financing – in – infrastructure.

Government Statistical Service（2017）Statistical Press Notice: Monthly Delayed Transfers of
Care Data, England, November 2016, 12 January, London, https：//www. england.
nhs. uk/statistics/wp – content/uploads/sites/2/2016/06/November – 16 – DTOC –
SPN. pdf.

Hall, D.（2015）Why Public – Private Partnerships Don't Work, Public Services International
Research Unit March, http：//www. psiru. org/sites/default/files/2015 – 03 – PPP –
WhyPPPsdontworkEng. pdf.

Hampshire County Council and East Riding of Yorkshire Council（2015）National School
Delivery Cost Benchmarking: Primary and Secondary Schools, January, http：//
www. nacframework. org. uk/docs/National_ School_ Delivery – Cost_ Benchmarking –
Primary_ Secondary – Jan2015 – V5. pdf.

Hart, O.（2003）Incomplete Contracts and Public Ownership: Remarks, and an Application to
Public – Private Partnerships, The Economic Journal, 2003, Vol. 113（486）, pp. C69 –
C76.

Hart, O. and Moore, J.（2007）Incomplete Contracts and Ownership: Some New Thoughts,
The American Economic Review, Vol. 97, No. 2, 182 – 186.

Hellowell, M.（2014）The Return of PFI – will the NHS pay a higher price for new hospitals?
Centre for Health and the Public Interest, November, https：//chpi. org. uk/wp – content/
uploads/2015/02/CHPI – PFI – Return – Nov14 – 2. pdf.

Hellowell, M.（2015）Borrowing to save: can NHS bodies ease financial pressures by
terminating PFI contracts? BMJ 2015; 351: h4030 http：//press. psprings. co. uk/bmj/
august/PFI. pdf.

HM Treasury（2012）Current projects as at March 2012 http：//webarchive. nationalarchives.
gov. uk/20130129110402/http: /www. hm – treasury. gov. uk/ppp_ pfi_ stats. htm.

HM Treasury（2014）Current projects as at March 2014 https：//www. gov. uk/government/
publications/private – finance – initiative – projects – 2014 – summary – data.

HM Treasury（2015a）Early Termination of PPP and PFI Contracts, Addendum to DAO
（GEN）02/14, March, London, https：//www. gov. uk/government/uploads/system/

uploads/attachment _ data/file/409291/DAO _ 02 - 14 _ addendum _ - _ Early _ Termination_ of_ PPP_ and_ PFI_ Contracts. pdf

HM Treasury（2015b）PPP Policy Note：Early termination of contracts, June, https：// www. gov. uk/government/uploads/system/uploads/attachment_ data/file/436694/PPP_ terminations_ policy_ note. pdf.

HM Treasury（2016）Current projects as at 31 March 2015 https：//www. gov. uk/ government/publications/private - finance - initiative - and - private - finance - 2 - projects - 2015 - summary - data.

Hodkinson, S. （2011）The Private Finance Initiative in English Council Housing Regeneration：A Privatisation too far? Housing Studies, Vol. 26, Issue 6, 911 - 932.

House of Commons Library（2012）London Underground after the PPP, 2007 - , Briefing SN1746, January, http：//researchbriefings. parliament. uk/ResearchBriefing/Summary/ SN01746#fullreport.

House of Commons Committee of Public Accounts（2005）PFI：The STEPS deal, HC 553, Session 2003 - 04, June, http：//www. publications. parliament. uk/pa/cm200405/ cmselect/cmpubacc/553/553. pdf.

House of Commons Committee of Public Accounts（2008）The Privatisation of QuinetiQ, HC 151, June, http：//www. publications. parliament. uk/pa/cm200708/cmselect/cmpubacc/ 151/151. pdf.

House of Commons Public Accounts Minutes of Evidence, Supplementary memorandum submitted by the Department of Health, http：//www. publications. parliament. uk/pa/ cm200607/cmselect/cmpubacc/361/6101613. htm

House of Commons Committee of Public Accounts （2011）The failure of the FiReControl project, HC 1397, September, http：//www. publications. parliament. uk/pa/cm201012/ cmselect/cmpubacc/1397/1397. pdf.

House of Commons Committee of Public Accounts （2015）Financial sustainability of NHS bodies, HC 736, Session 2014 - 15, January, http：//www. publications. parliament. uk/ pa/cm201415/cmselect/cmpubacc/736/736. pdf.

House of Commons Committee of Public Accounts （2016）St Helena Airport, HC 767, December, http：//www. publications. parliament. uk/pa/cm201617/cmselect/cmpubacc/ 767/767. pdf.

Illman, J. （2016）Merger trust predicts it needs £650m bailout, Health Service Journal, 27 July, https：//www. hsj. co. uk/hsj - local/providers/peterborough - and - stamford - hospitals - nhs - foundation - trust/merger - trust - predicts - it - needs - 650m - bailout/ 7009513. article? blocktitle = News&contentID = 15303.

Income Data Services （2015）Pay, pensions and reward packages for private custodial service staff, for Office of Manpower Economics, March, https：//www. gov. uk/government/

uploads/system/uploads/attachment _ data/file/409341/IDS _ report _ on _ private _ custodial_ staff_ March_ 2015_ FINAL. pdf.

Independent Evaluation Group, World Bank Group (2015) World Bank Group Support to Public – Private Partnerships: Lessons from Experience in Client Countries, FY02 – 12, http://ieg. worldbankgroup. org/Data/Evaluation/files/ppp_ eval_ updated2. pdf.

International Monetary Fund (2015) Making Public Investment More Effective, Policy Paper, June, Washington DC, http://www. imf. org/external/np/pp/eng/2015/061115. pdf.

King's College Hospital NHS Foundation Trust (2014) Annual Report and Accounts 2013 – 14, https://www. kch. nhs. uk/Doc/corp% 20 – % 20341.1% 20 – % 20kch% 20annual% 20report% 2013 – 14. pdf.

Letsrecycle. com (2014) Government settles with Bradford over PFI loss, 24 January, http://www. letsrecycle. com/news/latest – news/government – settles – with – bradford – over – pfi – loss.

Lewisham and Greenwich NHS Trust (2014) Annual Report and Accounts 2013 – 14, https://www. lewishamandgreenwich. nhs. uk.

Manchester Health and Wellbeing Board (2016) Single Hospital Service Review: Sir Jonathan Michael, Independent Review Director, 8 June, Item 5c, http://www. manchester. gov. uk/meetings/meeting/2641/health_ and_ wellbeing_ board.

Ministry of Defence (2010) Termination of the Defence Training Review, 19 October 2010 https://www. gov. uk/government/news/termination – of – the – defence – training – review.

National Audit Office (2003) PFI: Construction Performance, HC 371, Session 2002 – 2003, February, https://www. nao. org. uk/wp – content/uploads/2003/02/0203371. pdf.

National Audit Office (2004) London Underground PPP: Were they good deals? HC 645, Session 2003 – 2004, June, https://www. nao. org. uk/wp – content/uploads/2004/06/0304645. pdf.

National Audit Office (2006) The Paddington Basin Health Campus Scheme, HC 1045, Session 2005 – 06, May, https://www. nao. org. uk/wp – content/uploads/2006/05/05061045. pdf.

National Audit Office (2007a) Improving the PFI tendering process, HC 149 Session 2006 – 2007, March, https://www. nao. org. uk/wp – content/uploads/2007/03/0607149. pdf.

National Audit Office (2007b) The Privatisation of QuinetiQ, HC 52, Session 2007 – 08, https://www. nao. org. uk/wp – content/uploads/2007/11/070852. pdf.

National Audit Office (2008) Allocation and management of risk in Ministry of Defence PFI projects, HC 343, Session 2007 – 2008, October, London, https://www. nao. org. uk/wp – content/uploads/2008/10/0708343. pdf.

National Audit Office (2009a) Performance of PFI Construction, October, London, https://

www. nao. org. uk/wp – content/uploads/2009/10/2009 _ performance _ pfi _ construction. pdf.

National Audit Office（2009b）The Failure of Metronet, HC 512, Session 2008 – 2009, June, https：//www. nao. org. uk/wp – content/uploads/2009/06/0809512. pdf.

National Audit Office（2009c）HM Revenue & Customs' estate private finance deal eight years on, HC 30 2009 – 2010, December, https：//www. nao. org. uk/wp – content/uploads/2009/12/091030. pdf.

National Audit Office（2011）The failure of the FiReControl project, HC 1272, Session 2010 – 2012, https：//www. nao. org. uk/wp – content/uploads/2011/07/10121272. pdf.

National Audit Office（2012）Securing the future financial sustainability of the NHS, HC 191, Session 2012 – 13, July, https：//www. nao. org. uk/wp – content/uploads/2012/07/1213191. pdf.

National Audit Office（2013）2012 – 13 update on indicators of financial sustainability in the NHS, HC 590, Session 2013 – 14, July, https：//www. nao. org. uk/wp – content/uploads/2013/07/10220 – 001 _ Indicators – of – financial – sustainability – in – the – NHS. pdf.

National Audit Office（2014）The financial sustainability of NHS bodies, HC 722, Session 2014 – 15, November, https：//www. nao. org. uk/wp – content/uploads/2014/11/The – financial – sustainability – of – NHS – bodies. pdf.

National Audit Office（2015a）The choice of finance for capital investment, Briefing, March, https：//www. nao. org. uk/wp – content/uploads/2015/03/The – choice – of – finance – for – capital – investment. pdf.

National Audit Office（2015b）Sustainability and financial performance of acute hospital trusts, HC 611, Session 2015 – 16, December, https：//www. nao. org. uk/wp – content/uploads/2015/12/Sustainability – and – financial – performance – acute – hospital – trusts. pdf.

National Audit Office（2016a）Financial sustainability of the NHS, HC 785, Session 2016 – 17, November, https：//www. nao. org. uk/wp – content/uploads/2016/11/Financial – Sustainability – of – the – NHS. pdf.

National Audit Office（2016b）Realising the benefits of the St Helena Airport project, HC 19 Session 2016 – 17, July, https：//www. nao. org. uk/wp – content/uploads/2016/06/Realising – the – benefits – of – the – St – Helena – Airport. amended. pdf.

National Audit Office（2016c）Commercial and Contract Management：insights and emerging best practice, November, https：//www. nao. org. uk/wp – content/uploads/2016/12/Commercial – and – contract – management – insights – and – emerging – best – practice. pdf.

NHS Support Federation（2014）PFI and the NHS：Finding the best exit, http：//

www. nhsforsale. info/uploads/images/pfi – report% 20final. pdf.

NHS Trust Development Authority (2012) Securing sustainable healthcare for the people of South East London, http：//www. ntda. nhs. uk/wp – content/uploads/2013/09/NTDA_ SLHT_ AW. pdf.

Nose, M. (2014) Triggers of Contract Breach：Contract Design, Shocks or Institutions? Policy Research Working Paper 6738, World Bank, Washington DC, http：//www – wds. worldbank. org/external/default/WDSContentServer/WDSP/IB/2014/01/06/ 000158349_ 20140106093814/Rendered/PDF/WPS6738. pdf.

Owen, J. (2015) Crippling PFI deals leave Britain £222bn in debt, The Independent, 11 April, http：//www. independent. co. uk/money/loans – credit/crippling – pfi – deals – leave – britain – 222bn – in – debt – 10170214. html.

People v Barts PFI (2015) The Private Finance Initiative：Nationalise the Special Purpose Vehicles and end profiteering from public assets, http：//www. european – services – strategy. org. uk/news/2015/the – private – finance – initiative – nationalise – the/nationalise – the – spvs – people – vs – barts – pfi – version – 1. pdf.

Pollock, A. , Price, D. and Player, S. (2007) An Examination of the UK Treasury's Evidence Base for Cost and Time Overrun Data in UK Value – for Money Policy and Appraisal, Public Money & Management, April, 127 – 133.

PPP Bulletin (2008) Medway council abandons PFI, 1 February, http：// www. partnershipsbulletin. com/news/view/14296.

Press Association (2007) PFI School to cost £7. 4m after closure, The Guardian, 23 March, https：//www. theguardian. com/education/2007/mar/23/schools. uk4.

Presser, L. (2016) Why have councils fallen out of love with outsourcing vital services, The Guardian, 2 March, https：//www. theguardian. com/society/2016/mar/02/councils – outsourcing – cumbria – public – private – partnership – in – house.

Royal Institute of British Architects (2011) Written evidence to House of Commons Treasury Committee, April, http：//www. publications. parliament. uk/pa/cm201012/cmselect/ cmtreasy/1146/1146vw07. htm.

Russell, M. (2016) Council barred from buying out PPP contract, 13 January, West Highland Free Press, http：//www. whfp. com/2016/01/13/council – barred – from – buying – out – ppp – contract.

Shaoul, J. (2005) A Critical Financial Analysis of the Private Finance Initiative：Selecting a Financing Method or Allocating Economic Wealth, Critical Perspectives on Accounting, 16, pp441 – 471.

Scottish Government (2015) PFI projects – done deals to July 2013 http：//www. gov. scot/ Topics/Government/Finance/18232/12308/DoneDealsJune2013

Scottish Parliament (undated) Paper from the Committee's Adviser on examples of public sector

PPP/PFI contract buy outs, http：//archive. scottish. parliament. uk/s3/committees/finance/inquiries/capInvest/adviser_ buyouts. pdf.

Sheffield City Council (2017) Waste Services Review, Report to Cabinet 18 January, http：//democracy. sheffield. gov. uk/documents/s25096/Waste% 20Services% 20Review. pdf.

Sherwood Forest NHS Foundation Trust (2016) Annual Report and Accounts 2015 – 16, http：//www. sfh – tr. nhs. uk/images/Annual_ Report_ and_ Accounts_ 15 – 16_ FINAL1. compressed_ 3. pdf.

Tirole, J. (1999) Incomplete Contracts：Where Do We Stand? Econometrica, vol. 67, No. 4, 741 – 781.

Whitfield, D. (2001) Private Finance Initiative and Public Private Partnerships：What future for public services? June, http：//www. european – services – strategy. org. uk/outsourcing – ppp – library/pfi – ppp/private – finance – initiative – and – public – private.

Whitfield, D. (2010) Global Auction of Public Assets：Public sector alternatives to the infrastructure market and Public Private Partnerships, Spokesman Books, Nottingham.

Whitfield, D. (2012) PPP Wealth Machine：UK and Global trends in trading project ownership, European Services Strategy http：//www. european – services – strategy. org. uk/ppp – database/ppp – equity – database/ppp – wealth – machine – final – full. pdf.

Whitfield, D. (2014) PPP Database Strategic Partnerships 2012 – 2013：UK outsourcing expands despite high failure rates, European Services Strategy Unit, January, http：//www. european – services – strategy. org. uk/ppp – database/ppp – partnership – database/ppp – strategic – partnerships – database – 2012 – 2013. pdf.

Whitfield, D. (2015) Alternative to Private Finance of the Welfare State：A global analysis of social impact bond, pay – for – success and development impact bond projects, Australian Workplace Innovation and Social Research Centre, University of Adelaide and European Services Strategy Unit, September, http：//www. european – services – strategy. org. uk/publications/essu – research – reports/alternative – to – private – finance – of – the – welfare/alternative – to – private – finance – of – the – welfare – state. pdf.

Whitfield, D. (2016) The financial commodification of public infrastructure：The growth of offshore secondary market infrastructure funds, October, http：//www. european – services – strategy. org. uk/publications/essu – research – reports/the – financial – commodification – of – public – infras/financial – commodification – public – infrastructure. pdf.

Wiltshire Council (2009) South Wiltshire Core Strategy, Topic Paper 17：Infrastructure, July, http：//www. wiltshire. gov. uk/south_ wiltshire_ core_ strategy_ topic_ paper_ 17_ – _ infrastructure. pdf.

后　记

北京人口与社会发展研究中心与社会科学文献出版社合作，从 2014 年起，已经连续出版了三部《北京人口发展研究报告》（2013～2015）。2015 年，北京人口发展研究中心改名为北京人口与社会发展研究中心，配合研究基地的改名，系列研究报告也改名为《北京人口与社会发展研究报告》，2016～2017 年的写法强调了研究报告是前一年的研究成果，在当年度出版。2016 年，北京人口与社会发展研究中心研究人员在承接国家、北京市社科基金项目及北京市各委办局多项研究课题的基础上，在养老政策、流动人口、人口与社会发展等方面又有一系列研究成果出现，在北京市社会科学规划办的支持下，我们把这些成果汇集、编辑并出版，以期进一步发挥北京市人口与社会发展研究中心的决策咨询服务作用，并回报大家对这一系列报告的关注和支持。

本书是北京人口与社会发展研究中心全体人员的集体成果。洪小良教授和尹德挺教授参加了全书主题、篇章结构、入选报告的讨论和组织安排，吴军和刘上承担了编辑和协调的具体工作，马小红副教授负责全书的审定。每个报告作者严谨认真的学术态度和步调一致的合作精神是本书得以顺利出版的基础。

本书的出版得到各方面的大力支持，北京市哲学社会科学规划办公室提供的项目基金和出版资助是该书得以出版的前提，办公室基地办的刘军副处长对本书的出版提出了具体的指导意见；北京市委党校的领导同人对本书的出版给予大力支持和鼓励；社会科学文献出版社为本书的出版提供了一系列便利条件，特别是责任编辑佟英磊、崔晓璇认真负责的工作使本书顺利付梓。在此，我们一并深表谢意。

《北京人口与社会发展研究报告（2016～2017）》编委会

图书在版编目（CIP）数据

北京人口与社会发展研究报告. 2016～2017 / 北京
人口与社会发展研究中心编. －－北京：社会科学文献出
版社，2017.7
ISBN 978 - 7 - 5201 - 0921 - 5

Ⅰ. ①北… Ⅱ. ①北… Ⅲ. ①人口 - 关系 - 社会发展
- 研究报告 - 中国 - 2016～2017 Ⅳ. ①C924. 251

中国版本图书馆 CIP 数据核字（2017）第 126640 号

北京人口与社会发展研究报告（2016～2017）

编　　者／北京人口与社会发展研究中心

出 版 人／谢寿光
项目统筹／佟英磊
责任编辑／佟英磊　崔晓璇

出　　版／社会科学文献出版社·社会学编辑部（010）59367159
　　　　　地址：北京市北三环中路甲29号院华龙大厦　邮编：100029
　　　　　网址：www. ssap. com. cn
发　　行／市场营销中心（010）59367081　59367018
印　　装／北京季蜂印刷有限公司

规　　格／开　本：787mm×1092mm　1/16
　　　　　印　张：13.25　字　数：211千字
版　　次／2017年7月第1版　2017年7月第1次印刷
书　　号／ISBN 978 - 7 - 5201 - 0921 - 5
定　　价／69.00元